# バズる「死にたい」

## ネットに溢れる自殺願望の考察

古田雄介
Furuta Yusuke

小学館新書

## はじめに

世の中には人を傷つけたりショックを与えたりする言葉が溢《あふ》れています。とりわけ発言者の姿が見えにくいインターネットにおいては、言葉こそがメッセージのすべてになりがちです。それゆえに面と向かったときよりも攻撃的な物言いが飛び交いやすくなるのは、経験で知っている人が多いのではないでしょうか。

そうした圧が強めのコミュニケーションの世界においても、異質な緊張をもたらす言葉に「死にたい」があります。

「楽しみにしていたアイス落としちゃったー　死にたい涙」みたいに、明らかに誇張《こちょう》や冗談の文脈で使われている場合は別にして、やりとりのなかでこの4文字が投下されたら、その瞬間にピリッとした空気が流れませんか？

「もう死にたい」

「たまに死にたいな〜と思ったりする」

「死にたい死にたい死にたい」

心配や不安、漠然《ばくぜん》とした不穏。他者に向けた言葉ではないのに、このままでは収まりがつかないような重たさを広げる特殊な力が「死にたい」にはあります。

そうした特殊な力で目立つゆえに、インターネットで「死にたい」を見つけることは難しくありません。よくある言葉であり、それでいて独特の引力を持つ言葉。俗な言い方をすれば、バズワード。バズる言葉です。

本編で詳しく触れますが、日本の自殺者数は10数年スパンでみると減少傾向にあります。にもかかわらず、「死にたい」の流通量は年々増えています。それと同時に警戒心も高まっているように見受けられます。

それを踏まえて。

身近な故人がインターネットに残した「死にたい」を発見したとき、あなたならどう向き合いますか？

亡くなった娘が残していった「死にたい」を発見したある人は、その言葉が公序良俗《こうじょりょうぞく》に反すると判断して、削除する方法はないかと私に助言を求めてきました。

「死にたい」はよくバズる。放っておいても存在感が消えていかないばかりか、人に目を向けさせて止まない。そんな危険極まりない言葉はできるだけ早くに消し去るべきだ。誰かに悪い影響を与えないうちに。

その考えは倫理的であり、筋が通っているように思えます。私もとりあえず同意して、削除できる具体的な方法をその人に教えました。

そう、とりあえず。

この本はそのときの後悔から生まれました。


普通の言葉よりも目立ち、良からぬ事態を招きそうな「死にたい」。しかし、十把一絡《じっぱひとから》げに否定するほどには、自分はこの言葉についてよく理解できていないのではないか。「死にたい」を悪しき存在と見なして排除する前に、無数に残された個別の「死にたい」と向き合って、それぞれに込められた当人の本音と等身大のリスクを考察して行動したほうが胸を張れるんじゃないか。インターネットには個々人が発信した言葉がそのまま剝《む》き出しで残されているわけで、それら個別の声を顧《かえり》みないのは横暴かもしれない。ひとまず立ち返ってゼロから検証してみよう――。

2022年の暮れに後悔した私は、そんなことを考えて行動を始めました。「死にたい」と書かれた143件のサイトをピックアップして細部まで通読し、その体験を基に自殺研究の専門家や遺族、あるいはサイトを運営する本人に取材して、自殺願望とインターネットの関係性を考えていきました。

その結果、何が見えてきたのか。この本を通して、ぜひ一緒に向き合ってもらいたいと思いながら、この「はじめに」を書いています。

問題と向き合ってもらうには、発端と調査の方針を決めるところから私の心の動きを辿ってもらうのがスムーズなので、章立ては基本的に時系列にしています。

第一章の〈自殺した人のアカウントは悪か？〉は後悔の念を抱いて本格的に調査を始めるまで、第二章〈4種類の「死にたい」〉は143件のサイトを読みこんで4つの類型に分類するまでを綴っています。その考察を土台にして、第三章〈「死にたい」の魔力〉で〈死にたい〉という言葉の怖さを観察し、逆にプラスの作用もあるのではないかという気づきを起点にして、第四章〈「死にたい」の作用〉での取材と考察をまとめました。その結論が第五章〈「死にたい」との向き合い方〉です。

たかが143サイト、されどそこには143の個々の苦悶《くもん》が凝縮されています。それが誰でも読める状態でインターネットには置かれていて、誰でも深く追体験できます。世の中の影に隠れてしまっているけれど、本当は隠れるべきではない悲痛なオープンソースです。そう考えるに至った過程を共有し、その先を皆さんにも考えてもらいたいと思っています。

読む人の心に重くのしかかることは、実体験で承知しています。ですから、どうか無理のないペースで、精神的に余裕があるときに読み進めてください。きっと人間を理解する助けになるはずです。それは、誰かを本気で救いたいときに役に立つ何かでもあるでしょう。自分を含めた誰かを。

古田雄介

2024年7月

バズる「死にたい」

目次

自殺に至るプロセス×4

「意地を張って生きてきた私は偉かったか。馬鹿だったか。」――東京女社長さん

「あの子が幸せになりますように」――なかいきあかちゃんさん

「本当にもう心の底から自分を、家庭を変えたい」――氏ムシメさん

「街の灯り見てると切ない」――氏ムシメさん

1ヶ月ぶりの生存報告

「人生変わるだろうな、楽しいだろうな。。。」――kokoro2さん

「何も考えなくて良い状態になりたい」――しのぶさん

「私は薄氷の上に立っている。」――しのぶさん

「生きてる価値無いんだよね。」――カナヤさん

死にたくないから「死にたい」

## 第三章 ● 「死にたい」の魔力 ……………………………

143人の「死にたい」

自殺教唆とウェルテル効果

「調べていたら、×××××自殺にたどり着きました。」

多くの人を引きこむ「魔力」

「僕はもうダメです。あと100日。」──zedocさん
「死ぬまで後230日。」──zar2012さん
死後にバズった自殺中継──なかいきあかちゃんさん
「使えたので使いました」
連鎖自殺に潜む「魔力」
末木新教授へのインタビュー
「魔力」の裏付けは？

第四章 ●「死にたい」の作用……

パパゲーノ効果ではない何か
遺族から見た「魔法の笛と銀のすず」

「ああ、決断しちゃったんだね」

「彼自身の全ての思いが込められた大きな選択だったのです。」

ファンや友人から見た「魔法の笛と銀のすず」

遠い他者から見た「魔法の笛と銀のすず」

しのぶさんの死地の空気
繰り返しからしか見えないもの

【凡例】

Ⅰ 文中で言及しているサービス名や機能名、および企業名はできる限り取材当時の名称を採用し、状況に応じて補足しています。

Ⅱ 文中で引用した文章は一部の改行を省略するなどの措置を除いて、原則そのまま掲載しています。ただし例外があります。プライバシー保護の観点に加え、「WHO自殺報道ガイドライン」でDon'ts（してはいけないこと）として「自殺の手段を描写しない」ことが挙げられていることなどを踏まえた自殺予防の観点から、適宜「××××」などと伏せ字にしています。

Ⅲ 同ガイドラインのDon'tsには、2023年版から「遺書の詳細を報じない」という項目が加わりましたが、本書はその点をどう考えるかの議論を主題としています。そのため、自殺した人の投稿も必要に応じて引用しています。

# 第一章
# 自殺した人のアカウントは悪か？

## ある遺族からのメール

「ああ、やっぱりか……」

滅多に独り言を言わない自分の口からこの言葉がこぼれたのは、2022年も暮れる頃、自宅のパソコンであるTwitterアカウント（現Xアカウント、以下同）に辿《たど》り着いたときだった。

表示名はローマ字と数字を組み合わせた「t××××0000@t××××000 0」。Twitterでは@（アットマーク）より前はアカウント名と呼び、@以下のスクリーンネームと違って日本語での表記も可能だが、どちらも同じ文字列となっている。

投稿は一切なく、壁紙もアイコンも設定されていない。10数名のフォロワーがいるようだが、プロフィールも空欄になっていて、その上のステイタス表示に「2009年8月からTwitterを利用しています」とだけ書いてある。

ほぼ空っぽのアカウントだが、これが自殺した女性のものだと確信に近い感情が湧いたのは、この@を挟んで繰り返される表示名からだった。「t××××0000」の「t

××××」は日本人の苗字、それもかなり珍しい苗字のローマ字の綴りとなっている。そして、その苗字の持ち主を私は一人だけ知っていた。かつてメールで相談を受けたT・Kと名乗る人物だ。

T・Kさんからメールが届いたのはこのアカウントを発見した時点から2年と少し前。新型コロナウイルスの猛威が一旦落ち着いたかにみえた2020年の秋頃だった。パソコンで未読メールをチェックしているとき、「Twitterの削除依頼」という件名が視界に引っかかった。

「突然のメールで失礼いたします。

娘の携帯電話にTwitterのアカウントが残っており、自殺を助長する書き込みを見かけましたので、Twitter社に削除依頼を出しましたが、なかなか削除されません。他に良い方法があれば教えていただけないでしょうか。

娘のTwitterには今もいいねがついています。公序良俗に反するこれらの投稿をいち早くなくしたいのです。　T・K」

数ヶ月に1本のペースでこうしたメールが届く。私はフリーの雑誌記者として、故人が残したデジタルデータやSNSのアカウントといった、いわゆる「デジタル遺品」についての取材を2010年から続けている。その情報収集にほんの些細《ささい》な社会貢献の意義を込めて、2017年から自分のホームページでデジタル遺品相談を受け付けるようになった。

最も多く届く相談は「パスワードが分からず、故人のスマホが開けない」というもので、最近は「故人が残したサブスク契約が解約できない」という相談も増えている。ただ、故人が残したSNSを引き継いだり抹消したりする方法について尋ねる人もそれなりにいて、T・Kさんの相談もとくに珍しい印象は受けなかった。

いつものようにまずはメールを精読する。文面に少し引っかかる感じがあったが、求められていることは明白だ。

故人が使っていたスマホやパソコンに触れることができるのなら、運営元が利用規約で本人以外のアクセスを禁じていようが、遺族がログインしたままのSNSページにアクセスすることはたやすい。しかし、Twitterを含めて、多くのSNSはアカウントを削除する際にパスワードの入力を求める建て付けになっている。このパスワードを遺族がノーヒントで見つけ出すのは難しい。T・Kさんが直面している状況から、アカウントの削除まで辿り着ける期待は相当薄いと思われた。

それでも諦めきれない場合、専用フォーム等で運営元に問い合わせるという少し手間のかかる正攻法がある。実際、長く続いているSNSなら故人のアカウントについての手続きがある程度マニュアル化されていることが多い。Twitterも、2010年から持ち主が亡くなった際にアカウントを停止する申請ページを設けている。故人の死亡証明書類や、申請者との関係性を証明する書類、申請に虚偽がないことを宣言する英文などを用意し、申請フォームにアップロードすれば審査が通り次第、手続きが完了する仕組みだ。

ところが、同サービスのこの申請で手続きがスムーズに完了した例をいまだ知らない。延々と「審査」が続き、音沙汰がなくて困っているという遺族からの相談は片手で収まらないくらい受けた。利用者が亡くなった後の窓口やルールが形骸化《けいがいか》し、機能不全になっているケースは、残念ながらデジタル遺品界隈《かいわい》では珍しくない。

もともとTwitterは、組織やカップルなどでもアカウントが作れる仕組みになっていて、個人アカウントとして開設した後に自己判断でチームの持ち物にすることも事実上認めている。アカウントの自由度が高いがゆえに死亡した個人との同定が困難になっている側面もある。生きて活発に使用している利用者の利便性と、亡くなった利用者と関係者のサポートを天秤《てんびん》にかけたとき、前者を優先する事情はよく分かる。だが、看板を掲げるだけ掲げておいて、困っている遺族をほったらかしにするのはやはりいただけない。この件に関して、Ｔｗｉｔｔｅｒ社へ過去に何度も質問状を送ったが、まともな返事はいまだもらえずにいる。２０２２年10月に同社を買収したイーロン・マスク氏が日本の広報窓口を整理したことで、ますます実情を知れる余地が失われてしまった。

だからＴ・Ｋさんが取った行動はすんなり腑《ふ》に落ちた。娘さんを亡くしたこの人は考えうる方策をあらかた試したが埒《らち》が明かず、それでも諦めずに必死で次善策を探したのだろう。月間のアクセス数が１０００もいかない私のホームページに辿り着く人は、私の知り合いか「デジタル遺品」で検索した人くらいだ。そこまでやれるＩＴスキルと執念を持っていることが窺《うかが》える。

すると、アドバイスの内容は自ずと決まってくる。最も確実なのは一つひとつの投稿を手作業で消していくことだ。Ｔｗｉｔｔｅｒにログインした状態のスマホがあるなら、パスワードが分からなくても新たな投稿をしたり個別に削除したりすることはできる。通常のアカウントであれば、壁紙やアイコン、プロフィール文やアカウント名を変えることも可能だ。面倒ではあるが、誰も仲介しないので間違いなく実行できる。

もうひとつ挙げれば、故人の投稿やアカウントを公序良俗に反するものだとして運営元に通報する手段もあるにはある。通報した結果、アカウントが凍結されれば、削除するのとほぼ変わらない状態になる。しかし、手間がかかるわりに確実性が低く、濫用《らんよう》すると荒らし行為と変わらなくなってしまうので、あまり積極的に勧める気にはなれなかった。

そこで返信メールには、

「パスワードが分からない場合、ユーザー側でアカウントを抹消する方法はありません。削除するなら、手間はかかりますが、個別に消していくのが確実です。Ｔｗｉｔｔｅｒ社の正式な審査が通るのを引き続き待ちつつ、気になるツイートは個別に削除していくのはいかがでしょうか」

と書いた。

30分もかからずに返信したはずだ。フリーランスの業態に甘えて毎日の起床時間はとくに決めていないが、目が覚めるとそのままパソコンを起動してメールをチェックすることがルーチンになっているので、おそらく起きてすぐの仕事だったはずだ。メールの質問に対する思考と回答もなかばルーチンの作業であり、当時は取り立てて何を考えるでもなく事を済ませていたと思う。

だから、実に2年もの間、T・Kさんのことはすっかり忘れていた。

思い出したのは本当に偶然だった。２０２２年12月のある土曜日の夕方。仕事の合間に覗《のぞ》いたまとめサイトで、16歳の男子高校生が駅のホームで飛び込み自殺した事件の掘り返し記事を読んだのがきっかけだった。

## 「お願いだから家に帰りたい。」

男子高校生のAさんは、２０１８年の夏休みの終わりに近所の踏み切りに立ち入って電車に轢《ひ》かれて亡くなったという。まとめサイトのページトップに貼られた新聞記事の引用文には、捜査関係者が彼のＴｗｉｔｔｅｒアカウントを特定し、そこに自殺を示唆《しさ》する投稿が何件も見つかったとある。続く書き込みをスクロールすると、死の直前のものとみられる投稿のスクリーンショットが貼られているのが見えた。投稿は1、2時間かけて、数回なされたようだった。

〈まさか自分が今日死ぬなんて思ってなかった〉

〈もしも俺が××（※筆者注：高校名）に行かなかったら

もっと勉強出来たなら

小さい時にあんなことがなければ〉

最後の投稿はこの数十分後のもの。

〈家に帰りたい

お願いだから家に帰りたい。

一人になりたい

家まで送り届けていいから。〉

裏をとるべく別の書き込みに貼られた当該のＴｗｉｔｔｅｒページを開くと、アカウント名はそのままに「このアカウントは存在しません」と出た。

元の記事が表に出てから4年以上が過ぎている。その間に彼のアカウントは消えてしまっていた。いや、誰かが意図的に消してしまっていた。

通報によって非公開になったTwitterアカウントのページは「このアカウントは凍結されています」と表示される。「このアカウントは存在しません」はアカウントの持ち主が自ら削除した場合の表記だ。おそらくは、彼のスマホやパソコン、それにTwitterのパスワードも把握していた近しい間柄の人物が、ニュースで彼の投稿が注目を集めたことに気づき、抹消したのだろう。

まさしくT・Kさんがやろうとしていた行為だ。その背景もおそらくはよく似ている。

そうして私はT・Kさんのことを思い出した――。

それと同時に大きな不安が襲ってきた。納品して掲載直前になっている記事に事実誤認を発見したような、何か大きなミスをしでかしてしまったような不安感に追い立てられた。

とっさにメーラーの履歴《りれき》を遡《さかのぼ》って、T・Kさんからのメールを探した。T・Kさんからはあの後に短いお礼のメールが届いたきりで新たな情報は何もなかった。ついでに、そのメールに私が送った返信がエラーメッセージになっている痕跡《こんせき》も確認できた。おそらくは、私に相談するためだけに作ったメールアドレスだったのだろう。個人情報の漏洩《ろうえい》を防ぐ目的からか、質問のためだけにメールアドレスを新設し、目的を達したら閉じるという使い方をする人はたまにいる。こうなると、改めて連絡を取ることは困難だ。ただ、その必要もない。最初の文面からだけでも娘さんが命を絶った時期はある程度推測できる。

娘さんの携帯電話（あるいはスマホ）からＴｗｉｔｔｅｒアカウントの存在を知ったということは、警察や病院から遺品を受け取って間もないうちに事態を把握した可能性が高い。そこから公式の削除依頼フォームを見つけて申請し、長引く審査にしびれを切らして次善策を調べるようになって私のホームページを見つけるまで、おそらくは娘さんの死から早くて1ヶ月、遅くとも半年程度の時間しか経過していないはずだ。「娘のＴｗｉｔｔｅｒには今もいいねがついています」という表現から、フォロワーの人たちからのアクションもわりと活発な状況だったと推察できる。芸能人やよほどのインフルエンサーでもない限り、その状況が長期にわたって続くことは考えにくい。この視点からも数ヶ月ほどしか経過していないとみるほうが自然に思える。

それを踏まえて、インターネットブラウザーを立ち上げてＴｗｉｔｔｅｒの「高度な検索」ページを開いた。Ｔｗｉｔｔｅｒには、スクリーンネームや投稿時期、キーワードなどで投稿単位の絞り込み検索がかけられる機能がある。ここに期間を絞って「自殺」「飛び込み」「飛び降り」「首つり」「さよなら」などの自殺に関連するワードで検索してみた。すると、膨大な投稿が抽出されて埒が明かなかった。

ならばと、「次のキーワードをすべて含む」に「冥福《めいふく》」、「次のキーワードのいずれかを含む」という項目にT・Kさんの署名にあった苗字の漢字とローマ字を並べて入れて試したところ、ひとつだけヒットした。

〈@t××××0000ご冥福をお祈りします（泣き顔）〉

T・Kさんの苗字と同じ綴り。これだ、と思った。この「t××××0000」というアカウント宛ての投稿に絞って検索にかけてみると、2020年の7月に「R.I.P.」や「ご冥福をお祈りします」などのつぶやきが複数見つかった。十中八九、T・Kさんの娘さんに対してのものに違いない。

そうして辿り着いたのが、冒頭のTwitterアカウントだった。「ああ、やっぱりか……」と独りごちたのは、もぬけの殻《から》になっていたからだ。投稿が0件になっているのは、後から削除したとみて間違いない。その証拠に追悼のコメントを送った数人のユーザーのページにはt××××××0000さんと直接やりとりした履歴が残っていたが、t×××××0000さんからの返信だけが削除済みになっていた。

おそらくはT・Kさんが過去の投稿を一つひとつ消していったのだろう。私のアドバイスを受けて。

## 「公序良俗に反する」から

2009年8月から日常的に使っていたのなら、累計の投稿数は数千、どころか数万件に及んでいたかもしれない。その一つひとつを消していき、フォロワーとのつながりも解消していった。そこまでやる執念があれば、壁紙やアイコンまでブランクにするのは必然だったろう。アカウント名とアカウントページ、開設時期といったパスワードがなければ触れられない情報以外は軒並み消し去ったわけだ。スクリーンネームにしても、元はまったく別の文字列だったのかもしれない。

この事実をどう受け止めたらいいのだろう？

仕事部屋に並んだ4枚の液晶ディスプレイを眺《なが》めても、何も浮かばない。天井を眺めても、目を閉じても考えがまとまらない。なので、メールをもう一度眺めてみる。

「突然のメールで失礼いたします。

娘の携帯電話にＴｗｉｔｔｅｒのアカウントが残っており、自殺を助長する書き込みを見かけましたので、Ｔｗｉｔｔｅｒ社に削除依頼を出しましたが、なかなか削除されません。他に良い方法があれば教えていただけないでしょうか。

娘のＴｗｉｔｔｅｒには今もいいねがついています。公序良俗に反するこれらの投稿をいち早くなくしたいのです。　Ｔ・Ｋ」

２年前にメールに目を通したとき、文面に少しひっかかる感じがした。今ならそれが、故人が残したものへの無遠慮さだったと分かる。

Ｔ・Ｋさんは「公序良俗に反する」から、「これらの投稿をいち早くなくしたい」という。「自殺を助長する書き込み」に「今もいいねがついてい」るのだから、一般論としてそう判断するのは無理からぬことではあると思う。けれど、娘とはいえ他者が遺《のこ》したものを、そうドライに抹消してしまってもよいのだろうか？

ｔ×××××０００さんは最後にどんな思いを込めていたのだろう。まとめサイトで見かけた高校生のAさんは、自殺に踏み切る直前まで深く懊悩《おうのう》している様子だった。あれからAさんのつぶやきの真贋《しんがん》が気になって「Ｗａｙｂａｃｋ Ｍａｃｈｉｎｅ（ウェイバックマシン）」でかつての彼のＴｗｉｔｔｅｒページを探し出し、本物だと確認している。ウェイバックマシンは世界中のオンラインページを無作為で回遊して自動でコピーを収集するサービスで、米国の非営利団体Ｉｎｔｅｒｎｅｔ Ａｒｃｈｉｖｅが１９９６年から提供している。消失したページの世界最大のよすがだといえる。

〈家に帰りたい
お願いだから家に帰りたい。
一人になりたい
家まで送り届けていいから。〉

本当は生きて平穏な生活を続けたいけれど、それができない。できないから死を選ぶほかないが、本音を言えば死にたくはない。そんな「死にたい」と「生きたい」がせめぎ合う苦しさがありありと伝わってくる。

自殺を企図《きと》する人は、こうした両価的な感情を抱えていることが多いという。自殺学の大家であるエドウィン・S・シュナイドマンにより半世紀前に言及され、今は自殺抑止に関する本を読めばほぼ必ず目にする、いわば自殺に関する定説的な感情だ。

t××××0000さんも「死にたい」と「生きたい」が入り乱れた心の叫びを残していたのかもしれない。T・Kさんはそれを承知ですべての投稿を削除していったのだろうか？　いや、届いたメールだけで判断するのはフェアではない。T・Kさんと娘さんの間には、オンラインに表出していない膨大なやりとりや思索があったはずだ。

問題は自分だ。故人が残したものに対して、一定の配慮がなされているかを判断する意識すら持たないまま、ただ持っている知識だけで無遠慮な助言を送ってしまった。この浅はかさが明らかなミスだ。不安の正体はこれに違いなかった。

t××××0000さんのアカウントをウェイバックマシンで検索してみたが、ヒットしなかった。世界最大のよすがであっても、インターネットで公開されているすべてのページを網羅《もうら》しているわけではない。他にも「Googleキャッシュ」や「ウェブ魚拓《ぎょたく》」、Twitter専用のログサービス「ツイログ」などの同種のサイトを当たってみたが、成果はなかった。t××××0000さんが何をつぶやき、何を残していたのか。

本人の声を確認する術《すべ》を失ってしまった。

自責の意識が半月前の自分を思い出させる。

2022年12月9日、すでにTwitter社を買収して我が物としていたイーロン・マスク氏は、自身のアカウントでこんな連投をしていた。

〈Twitter will soon start freeing the name space of 1.5 billion accounts〉

（Twitterは間もなく15億アカウントのネームスペースの解放を始める）

〈These are obvious account deletions with no tweets & no log in for years〉

（当然ながら、それは何年も投稿やログインをしていないアカウントの削除を指す）

動きのない休眠アカウントを抹消することで、それらのアカウントで使われていた文字列が一斉に解放されて、自由に使えるようになりますよという意図だ。2006年にスタートしたTwitterは、2019年第1四半期の時点で世界中に3億3000万のアクティブユーザーを抱える巨大SNSに成長していた。そして、その背後には使われなくなった膨大なアカウントがあり、乗っ取りなどによって詐欺《さぎ》や世論誘導など良からぬ用途で使われる温床になっている側面も問題視されている。サービスを提供する側に回ったマスク氏がこの問題と向き合い、健全化を図るために休眠アカウントに手を付けるのは、自然な成り行きだったといえる。

しかし、休眠アカウントには亡くなった人のアカウントも含まれる。残された肉親や友人、ファンなどにとっては、生前の投稿はかけがえのない形見になりうるものだ。マスク氏のツイートは、それらも区別せずにもろとも構わず抹消する宣言と捉えられる。それは道義的にどうなのか?

実はＴｗｉｔｔｅｒ社はマスク氏が関わる以前の２０１９年11月にも休眠アカウントの抹消プランを打ち出し、世界中から猛反発を喰らってすぐさま撤回した過去がある。組織のトップが代わったことで、この問題が再び取り沙汰されたわけだ。あれから何のアイデアも足さないままに。

私は過去を顧みないマスク氏の身勝手な方針に怒りを覚え、この投稿を見た数時間後には連載している媒体《ばいたい》に緊急で意見記事を送った。いくら筆頭株主が代わったからといって、ユーザーが大切にしているものを奪う権利はないはずだ、と。

しかし、そんな自分も五十歩百歩のことをしていたわけだ。

## 故人が残した言葉に宿るもの

自分はどうすべきだったのだろう？

求められる回答をはぐらかすくらいなら、最初から相談など受け付けないほうがいい。デジタル遺品の扱いで困る遺族がいて、その総合的な相談窓口が存在しないから始めた取り組みだ。それ自体は間違っているとは思えない。けれど、遺族だけでなく故人にももっと意識を向けるべきではなかっただろうか。

何しろ故人はもう口が動かせず、何をされても文句が言えない。そして、故人が残したものは消せば二度と元には戻らない。

だから、私は子供の頃から何より死が怖かった。何より怖いからこそ、どんな娯楽や人生の目標よりも強く興味が湧いた。大学卒業後にゼネコンに就職したが、1年も経たずに辞表を出して葬儀社に転職したのは、とにかく死の現場に携《たずさ》わりたい自分に気づいたからだった。その後にライターに転職するが、性向は変わらない。それが現在につながっているはずなのに……。

故人が残した言葉には、商業や公共の福祉の物差しだけでは測れない凄みが宿ることがある。私がデジタル遺品の調査を始めたのも、故人が残したホームページやサイトが持つ独特の迫力に強く惹かれたためだ。

死に至る病を患《わずら》った人、突然の災害や事故などで死に直面した人が自らのサイトに残した文章には、出版物でも私信でもみられない感情がしばしば刻まれる。

ある人は10年以上も毎日ブログを更新し、ノリのいい日記を披露していたが、がん闘病の末に医療麻薬を導入してからは文章に誤字脱字が目立つようになった。意識を保つことさえ困難な状態でも投稿を続け、「新し記じがけなあい。怪しい。何とかせねぱ。」と書いた投稿を残して2週間後に亡くなった。

またある人は、幼い頃から内臓疾患《しっかん》に苦しめられ、病院と学校を往復するような人生を歩んできた。それでも自分を奮い立たせるように前向きに考え、楽しいことを見つけてブログに書いてきたが、病状が悪化して死を覚悟したときにすべてを脱ぎ捨て、「早く天国へ行きたい。地獄でもいいから行きたい。生きてることに疲れた。」と書いた。それが人生の最終投稿として、現在もブログのトップに残っている。

死が間近に迫った混乱のなかで発信する言葉を制御しきるのは非常に困難で、どうしても粗《あら》や揺らぎが生じる。それでもなお綴られる言葉には、その文意以上の何かがある。そこに気づいたらクリップせずにはおれない。すぐにブックマークでは扱いにくくなり、2010年からはＥｘｃｅｌファイルに故人が残していったサイト、あるいは死を覚悟したまま放置されたサイトをメモするようになった。以来、パソコンのデスクトップにそのデータベースを置き、数ヶ月に一回は全件の動向をチェックしている。四桁を超えたのは随分前のことだ。

そのなかには、自殺した人や自殺を決意したまま消息不明になった人のサイトも当然ある。それらのサイトを予断なく、ゼロから深く読みこむことで、この後悔に対するアンサーのようなものが見つからないだろうか？　残されたサイトの年代は１９９０年代から２０２０年代まで様々で、年齢も性別も死に向かう背景もそれぞれ違う。それぞれ違うからこそ、個別に読みこむことで、全体に通じる何かが得られるかもしれない。

綴られた「死にたい」には偽りや虚飾《きょしょく》が混ざっていることも承知している。あからさまな嘘は周辺の情報から勘案して外せるが、本気で死のうとして結果として生還したケースや、情報が少なくて判断がつかないものもある。自殺遂行を告げる予約投稿をアップした数ヶ月後に生存報告するパターンも珍しくない。真贋が判断しきれない場合はあえて排除せずにクリップしてきた。確実に言えるのは、「死にたい」という本気の感情がそこにあったと信じるに足る情報が残されているということのみだ。しかし、それで十分ではないかと思う。

とにかく個別に向き合うことだ。インターネットに残された本心からの「死にたい」という叫びが周囲にどんな作用を及ぼしているのか、そして、本心はどこに向かっているのか。僅かであっても気づけるかもしれない。結果として「公序良俗に反する」という言葉に対抗する答えが見つかるのかは分からないけれど、とにかく本人の心の声を探して傾聴しよう。

## 「死にたい」のシャワー

世間ではもう２０２２年があと数日で終わろうとしていた。年内の仕事はもう片付いていて、地元に帰省する予定もない。あとは川崎の自宅で妻と娘と年末年始をのんびり過ごすだけだ。だから、仕事部屋で一人になったときには、データベースから書き手が自殺した可能性のあるサイトをピックアップして精読する作業にたっぷり時間を費やすことができた。そうして私は〝「死にたい」のシャワー〟を浴びることになった。

都内在住というある女性は、莫大な借金が残る会社の経営を押しつけられ、進退窮《きわ》まった状態でブログを開設した。「毎日、どうやって死のうか？しか考えられない」とこぼし、ビルを眺めては出入り口を探して飛び降りられるかシミュレーションするなど、自殺する方法を模索しながら必死に資金繰りをする日々を日記に綴る。そして2ヶ月後には自殺の道しか見えなくなり、遺書代わりとも受け取れる最終投稿でこう書いて更新を終えた。

〈私を騙した詐欺師と、長年騙され続けた私。まんまと逃げ切った税理士。もう、もう、十分だ。死んだ私の借金総額4億円。〉

福岡の実家で暮らしているというある男性は、2年前からほぼ毎日更新を続けていたブログを2011年7月に終わらせている。自殺を決めたというその日は朝から家族と喧嘩《けんか》し、銀行のATMで通帳に記帳した後、昔のアルバムを眺めて涙した。そして、いつものようにギターの練習をしたのちに入浴と排便を済ませたと綴っている。

〈それから最後のギターの練習をしました。もう20年以上ギターを弾いてますが今日が最後の練習になるとは思いもしなかったです。それからずっと東京の風景のDVDを見たりしてから、チャッピーのえさをやってから髭を剃ってお風呂に入りました。トイレをちゃんと済ませました。もう精神病で悩み苦しまなくていいんだ・・・早く楽になって無になります。それでは行ってきます。〉

千葉県で暮らす大学生とみられる男性は、Twitterに自作のイラストやプレイ中のゲーム画面をよく載せていたが、ある日唐突に駅のホームの写真をアップした。それが最後の投稿となったが、直前にはこんな言葉を連投している。

〈×××（※筆者注：駅名）待機〉

〈次のエクスプレスは40分過ぎかな〉

〈勇気が足りない〉

北海道で暮らすある男性は、Twitterで自殺を予告する投稿を残した。

〈これから、×××××から飛び降り自殺します〉

職場の屋上から飛び降りると宣言しただけでなく、自分の勤務先と実名に加えて、恨みを抱く同僚たちとみられる名前を列挙しており、まるでこの世の恨みを埋め込んだ呪詛《じゅそ》のようだ。同じ文面を2日空けて2度投稿しているところも執念《しゅうねん》を感じさせる。10年以上前に更新が途絶えたアカウントで、以来そのままの状態で放置されている。

また、滋賀県の中学校に通う女性は、学校と家庭での孤独を埋め合わせるかのようにインターネットの世界に没頭していた。「エロいメンヘラ処女jc」と称してライブ配信して人気を集めていたが、ある秋の朝にビルから飛び降りる様子を動画配信サービスの「fc2動画」で中継しながらこの世を去った。新聞やネットニュースなどで報道されたが、その1週間前、2ちゃんねる（現5ちゃんねる）のスレッドに自殺計画を仄《ほの》めかす乱文を残していた。

〈あたしが今あたまのなksでかんあげるいること
自殺廃村がしたいgwちのやつだしfc2ふぁぁら消されない方でぃるから盛り上がrっだろいなあ〉

積年の恨みや混乱、自意識、諦観《ていかん》。どこまで本気でどこまで客観性があるのか分からないが、ただただ強い。徐々に発信能力が奪われていく病気による死や、突然人生の終わりが訪れる事故と災害の死とは違う、破滅的で強烈な情念が鋭く突き刺してくる。

20件に満たないサイトを読みこんだだけで、一旦作業を止めたくなった。読み疲れたというより、絶望感や徒労感《とろうかん》による重さがそうさせたのだと思う。もしかしたら無意味な行為かもしれない。それどころか、やはり「死にたい」は例外なく公序良俗に反するものではないか。果たしてこの作業には何の意味があるのか。

年を越す前から、企画倒れの虚しさがズシンと身体を重くした。後ろめたさはまるで消えないままに。

## 自殺予告するＹｏｕＴｕｂｅｒ

そうして新たな年を迎えた。門前町の大通りから長蛇《ちょうだ》の列が続く川崎大師《かわさきだいし》を妻と娘と詣で、川崎駅の商業施設で晩餐し、何も考えず遊び疲れて帰ってきた。後は寝るだけという状況でパソコンを付けて何となくブラウジングしていたとき、偶然あるＹｏｕＴｕｂ erの動画を発見した。ほんの10数時間前、2022年12月31日にアップされたその動画にはこんなタイトルがつけられていた。

〈【死にたい】年内に自殺しようと思ってるので最後に遺書を残します　31歳無職童貞引きこもり〉

かつてクリップしたものではない最新の事例だ。早々に進む方向を見失ったこともあり、一旦データベースから離れてこの動画とだけ向き合ってみようと考えた。

〈失敗だらけだった僕の人生ももう終わります
これから自殺する人の心境について
浅慮ながら思いを巡らせました
最後に動画として残しておこうと思いますので…
興味ある方は見ていただけたら嬉しいです〉

チャンネル名は「〇〇日後に死ぬニート」。動画を投稿しているのは、都内で実家住まいの「ぼっちです。」と名乗る男性だ（以下、「ぼっちさん」と呼ぶ）。

その動画は年季の入った木造家屋の台所で厚切りベーコンを切るところから始まる。フライパンでさっと炒《いた》めた後に、同じフライパンで湯を沸かしてパスタを茹《ゆ》で、卵とミルク、チーズでカルボナーラを作っていく。慣れた手つきで料理する手元の様子が淡々と映し出され、顔は見えないが、細身の男性であることは分かる。その動画にあわせて、無音の字幕で思いを吐露していく。

〈正直に言うと…
今も自殺しようか止めようか…
迷っています…
死にたくないと思うのと同時に
この先、生きていても苦しいことしかないと
先が知れてしまっているからです
僕はもう疲れてしまいました
希望し信じて生きることも
苦痛や不安に耐え続けることも
誰かに振り回されることにも躁と鬱を繰り返すことにも

疲れ切ってしまいました
資格を取ればいいとか生活保護を貰えばいいとか…
そういう生きる手段の問題じゃないんです…
生きる気力がないんです
僕はこの社会に〝適応〟できませんでした〉
いつも使っているとみられるリラックマの皿に盛って、マグカップに麦茶か薄いコーヒーを注ぎ入れる。いただきますと手を合わせると、左手のスプーンを底にして右手のフォークでパスタを巻きつけ、美味しそうに食べていく。
〈煉炭、首吊り、飛び降りなどいろいろな方法がありますが…
その日いけそうなものでやろうと思います〉
最後は視聴者やチャンネル登録者への感謝を述べ、暗転して動画は終わった。長さにして8分。その間、切ない旋律《せんりつ》のピアノソロ曲が繰り返しBGMとして流れていた。フリー素材として公開されているもので、同じチャンネルの過去動画でも何度も使われている。
これは自殺予告投稿の典型だと思った。字幕以外の映像や音声で自殺について何も触れていないのは、カムフラージュのためのようだ。いわゆる狂言、あるいは偽りの自殺願望で注目を集めようとするタイプの動画かもしれないが、深掘りして確かめる必要を感じさせるほどには迫力を感じた。

## 自殺練習動画が34万回再生

過去の動画は10本あり、すべてに目を通すとこれまで何度か自殺を試みてきたことが分かる。調理や食事の映像をベースに、字幕で本音をつぶやいていくスタイルは2022年かその少し前から始めたようだ。それ以前にある動画は2本だけで、残っていた最も古い動画は2021年3月とある。タイトルは「【閲覧注意】無職が首吊り自殺5秒やってわかったこと　29歳　独身男　アラサー」。この動画だけ突出して再生が多く、他が数千から数万単位なのに対して、「34万回視聴」と表示されていた。

そこにはより直接的で、ざっくばらんな本音が残されていた。

〈次のコンテンツには、自殺や自傷行為のトピックが含まれている可能性があります。〉

動画を開くとまず表示されるのが、YouTubeからの警告だ。その下にある「理解した上で続行する」ボタンを押すと再生が始まる。映像は家の中でＡｍａｚｏｎから届いた段ボールを開くところから始まる。無音の字幕で思いを伝えるスタイルは同じだ。

〈最近僕は思うんです
何で生きなきゃいけないんだろう?って
30年ぐらい生きてるけど
この質問に答えられる人に
僕は出会った事がありません〉

段ボールから出てきたのは、直径が1センチほどありそうな太いロープと『完全自殺マニュアル』（鶴見済著／太田出版、1993年）だった。

〈別に死にたいとは思ってないけど
ただ、
このまま生きてても
明日死んじゃっても
どうでもいいなぁって

そんなこと思ってます〉

自殺を止めようとする模範的な態度をくさしつつ、えんじ色のパーカーを着た細身の男性が洗濯物をかけたままの仏間で首つりの舞台をてきぱきと整えていく。

〈頭ごなしに生きろって言う人が嫌いです

どうしてって聞いても

空いた時間でする世間話とか

誰が誰を好きとか

誰かが炎上してるとか

それくらいどうでもいい〉

本気の自殺ではない。本気で死にたくなったときに思い通りに実行できるように、ロープの結び方や結ぶ場所などをチェックしているふうだ。頭にパーカーを被ったままロープに首を通して5秒吊られて、また戻す。

BGMはなく、この動画は4分弱で終わった。

チャンネルが開設されたのは2016年4月のことで、この動画をアップするまでに5

年近くのブランクがある。過去の登録動画が公開中の10本をはるかに上回る59本となっていることを考えると、何らかの意図で過去の動画を抹消した可能性が高い。この動画の後にも10ヶ月のブランクがあるが、やはり同様に何本か非公開にしたのではないだろうか。

いずれにしろ、表に残されている動画のすべては自殺企図に関するものだ。生きづらさと「死にたい」という気持ちが前面に出ていて、ときに直接的な自殺の方法を示してもいる。

その後も生活のためにハローワークに出向いたり、バイトを始めたりと前向きな動画もアップしたが、すぐにバイトを辞めて自殺願望を吐露する動画をアップするなど、サムネイルだけでも感情の大きな揺れが伝わる。プロフィールにあるＴｗｉｔｔｅｒアカウントが凍結されているのも、過去の自殺予告騒動が関係しているようだ。

２０２２年12月31日に動画がアップされた後のことは確かめようがないが、少なくとも長く自殺願望を抱いていて、単に注目を集めるためだけに更新しているわけではないことは伝わった。

## 「死にたい」はバズワードに

それにしても、２０２２年の時点で「死にたい」という発信をここまで堂々と残すことができて、残す人もいるのだ。その事実に背筋が伸びた。当たり前のことかもしれないが、過去の継続は確かにある。

改めてそんなことを考えた根底には、実のところ「死にたい」という言葉はじわじわと発信しづらくなっているのではないかという思い込みがあった。インターネットで「死にたい」とつぶやいたとき、周りが放っておかなくなったのはいつ頃からだろうか？

自殺や自傷を仄めかす投稿を見た人が運営社に通報して対応を促す仕組みは、10年ほど前からSNSに実装されるようになった。YouTubeでは2013年、Twitterでは少なくとも2017年までには組み込まれている。Facebookでは運営への通報以外にも、専門機関やより近しい相手に当人の異常を知らせる機能が2016年から使えるようになっている。

時を同じくして、「死にたい」というつぶやきへの警戒心を高める出来事も立て続いた。

2016年の秋に世間を騒がせたのは「WELQ《ウエルク》問題」だ。当時はGoogle検索で「死にたい」と入力すると、情報サイト「WELQ」が掲載した「死にたいと思ったときに試して欲しい7つの対処法」というタイトルの記事がトップにヒットした。問題は記事の中身で、死にたくなる人の傾向に「承認欲求が強い」「一貫性がない」など著しく根拠に欠く項目が挙げられるなど、ひどい内容が連発されていた。これが識者に「発見」されるとたちまち炎上し、運営元のDeNAが謝罪会見を開く事態となった。

さらにその約1年後には座間《ざま》9人殺害事件が発生している。Twitterで「首吊り士」を名乗る男が、「死にたい」とつぶやくユーザーに近づいては殺害を繰り返し、遺体を神奈川県座間市にある自宅アパートに隠していたことが発覚し、世間の耳目を集めた。以前から、集団自殺のメンバーを掲示板で募集するなどの事件が相次ぎ、社会的な問題となったケースもあったが、座間9人殺害事件が「死にたい」という言葉の危険性を一段と深めた。その空気は時間を追うごとに濃くなっており、2010年代より20年代のほうが表に出しにくくなっている感がある。だからもう、「死にたい」はやがて使われなくなるような、死語のレールに乗った言葉なのではないか。そういう印象すら抱いていた。

しかし、それは的外れだった。ぼっちさんの動画を見た後で、「Ｇｏｏｇｌｅトレンド」のページを開いた。Ｇｏｏｇｌｅで検索されたワードの頻出度を時系列でグラフ化するツールだ。こちらで「死にたい」を検索してみると、２０１０年末頃から3年以上も右肩上がりが続いている。２０１９年1月には映画『十二人の死にたい子どもたち』（冲方丁原作）の上映によってスコアが跳ね上がるなど、本筋とは無関係な上昇も見られるが、数年スパンで眺めると２０１３年以降も漸増から横ばい傾向が続いていることが分かる。令和に入ってからの水準を２００７年頃と比べると2倍を超えている。

オンラインでの自殺防止の取り組みが本格化するようになってなお、「死にたい」という言葉に衰《おとろ》えの気配は感じられなかった。それどころか確実に増えている。「死にたい」は、ある意味で多くの人を惹きつける定番のバズワードとして、深く深く根を張り巡らせているように思える。

ストレスが多い現代社会——なんて総括してしまえば身も蓋《ふた》もないが、世の中が窮屈で貧しくなっている背景は確かにあるだろう。そしておそらくは、インターネット環境の充実ぶりも「死にたい」の勢いを支えている。

**「死にたい」の頻出度—Googleトレンド 2004~2024年**

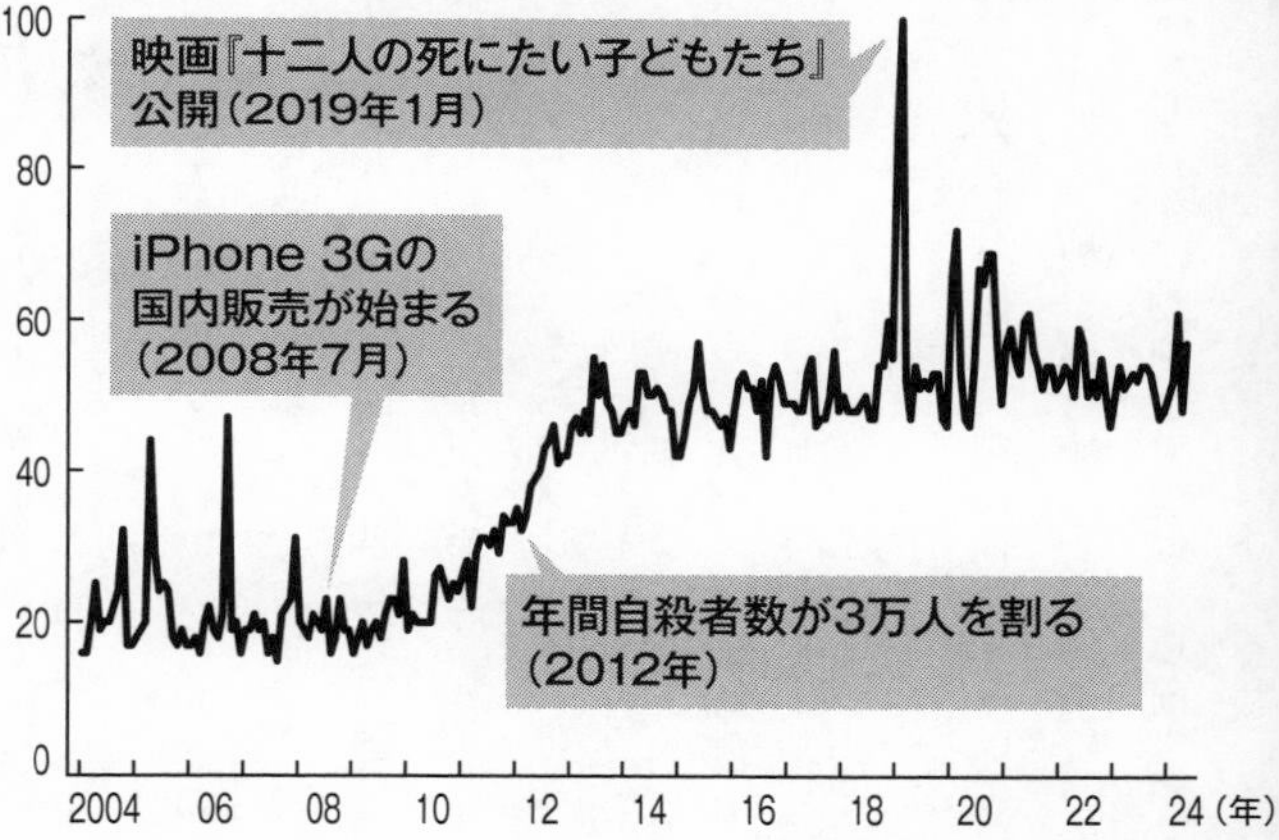


Googleトレンドより筆者作成

自殺数とトレンドの伸びが比例しているわけではない。日本の自殺者数は１９９８年から２０１１年までの年間３万人時代にピークを迎え、ここ数年は２万２０００人に届かない水準で推移している。

ただし、年間３万人時代から大きく数値を減らしたのは、当時の自殺者の中心だった50代以上の男性だ。53ページのグラフにあるように、女性や20代以下の若年層の自殺率はピークの半減に至るほどの低下はみられない。そして、令和時代からは全体数で微増傾向に移行している。そうしたなかで、気軽に「死にたい」と発信できる環境が急速に整えば、「死にたい」人の、「死にたい」という声がインターネットに溢れるのは、ごく当たり前のことだといえるのかもしれない。

自殺願望を表に出すならアカウントの「ＢＡＮ」（運営による利用停止・制限措置の俗称）を覚悟しなければならないが、そうであっても「死にたい」と言いたい。伝えたいというより発したい。ぼっちさんの動画に連なる視聴者からの共感コメントの数々を眺めても、そうした時代の空気を感じる。仮にぼっちさんが否定的なコメントをこまめに削除していたとしても、このコメント欄には一定の真実があるように思えた。

この「『死にたい』と発信したい」思いは２０２２年の年末に触れた20弱のサイトからも感じ取れた。ただ、各サイトの細部まで記憶を辿ってみると、「死にたい」に恨みつらみが含まれたものもあれば、諦観のほうが強く出ているものもあった。混乱しながら、ただ「死にたい」と刻まれた投稿もあったし、冗談の延長線上にあるようにとれるものもあれば、長年悩み抜いた末の揺るぎない覚悟のようなものを感じさせるものもあった。

そうした感触の違いは、公序良俗についての判断にも当然影響を及ぼすはずだ。

ぼっちさんの動画を見つける以前もすべてのサイトが一様に公序良俗に反していると感

**自殺者数の推移**（男女別：1978〜2023年）

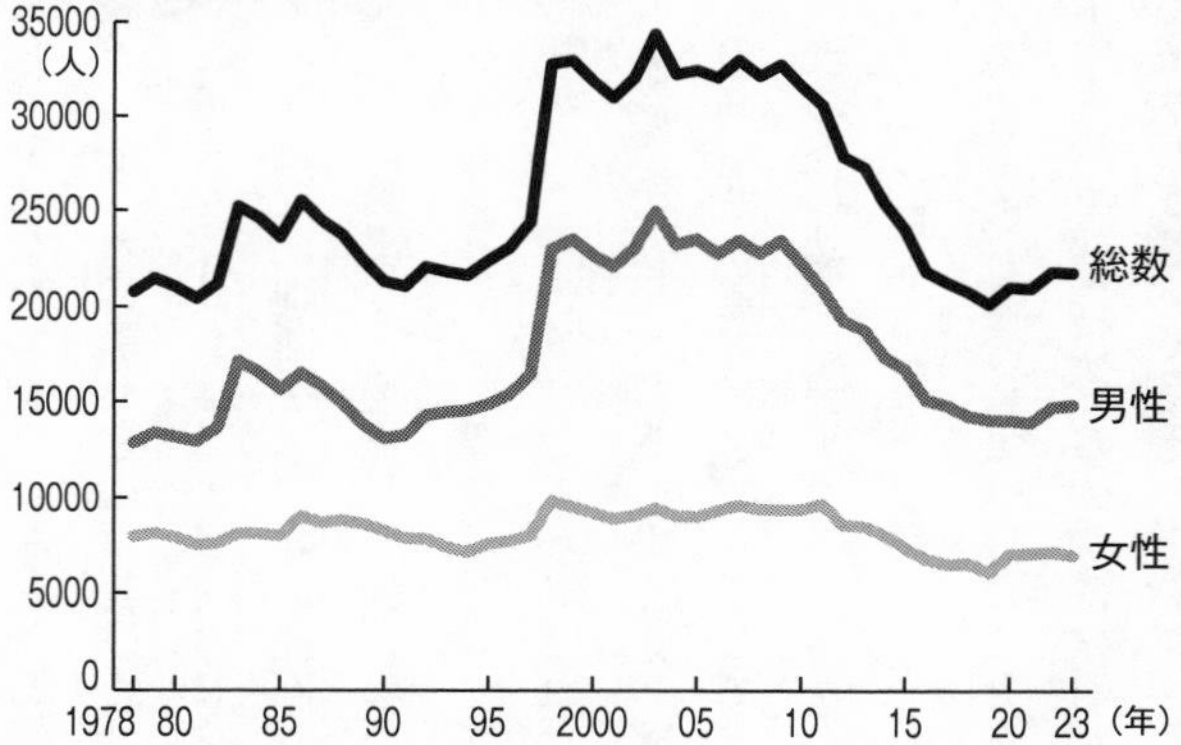


**自殺者数の推移**（年齢階級別：1978〜2023年）

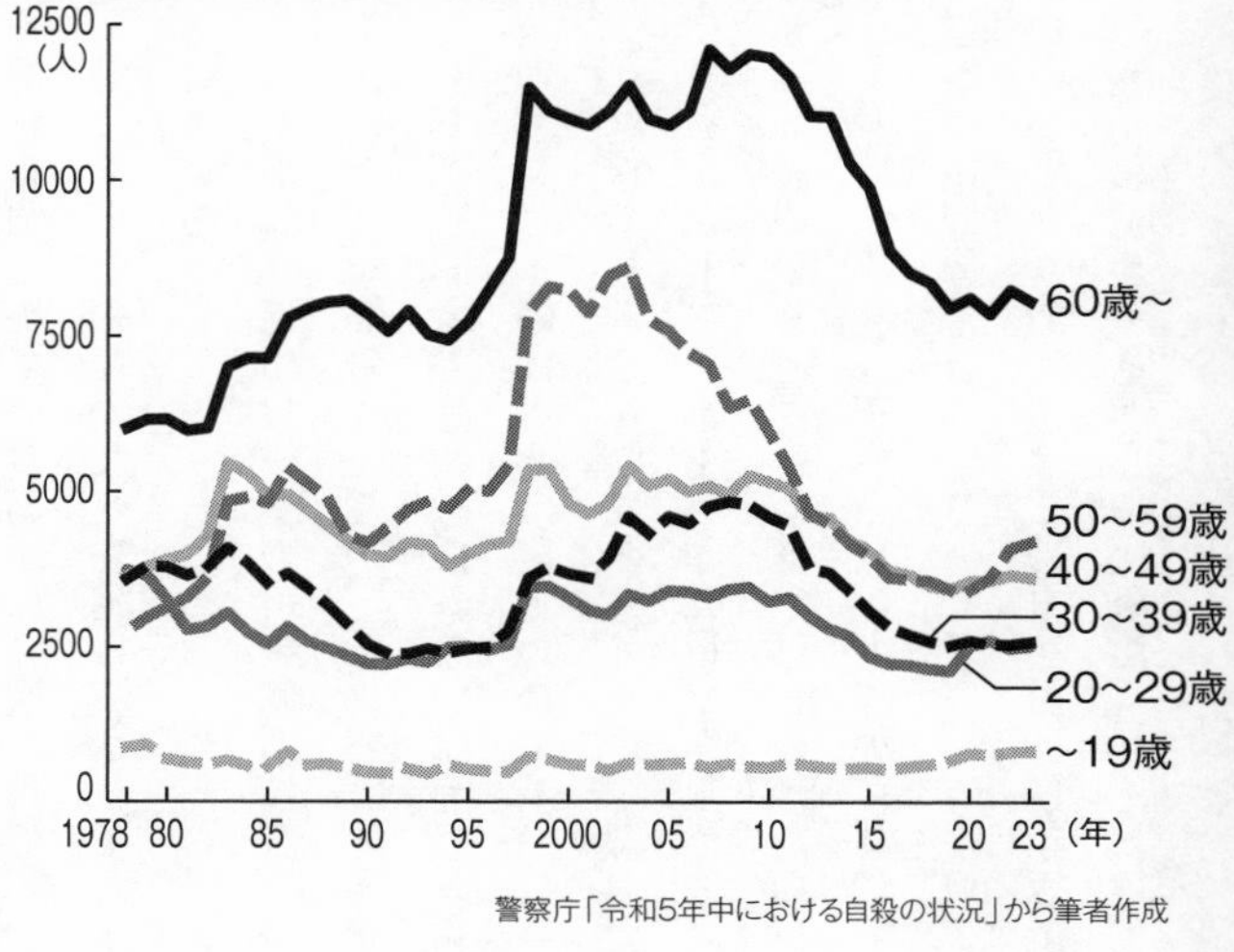


警察庁「令和5年中における自殺の状況」から筆者作成

じたわけではなかった。にもかかわらず、一部から強く出ている何かに圧倒されて、十把一絡げに「これは調べるのは無理だ」と思ってしまったのだった。安易に流されて、手をぬいて問題を平均化するバイアスにまたやられている。

そんな自分が判断を下すのは後回しにして、まずは「死にたい」の声を個別に深く読みこんで分類しよう。軽々しく扱えない言葉を含むのは承知のうえだが、それでも分類して、いくつかのグループの傾向を俯瞰《ふかん》して見ることで、観測者の感情に揺れない冷静で多角的な考察ができるようになるかもしれない。無理と断じるのは、その後でいい。

この調査のために故人のサイトのデータベースから自殺を示唆するサイト、自殺した可能性の高いサイトだけを抜き出して、新たなＥｘｃｅｌファイルを作成してみることにした。表組みには元のデータベースからあるサイト名やＵＲＬ、死亡推定日といった項目に「備考」と「類型」を加える。サイトを隅々まで読み終えたらデータベースからコピー＆ペーストして、備考に気づいたことをメモしつつ類型を書き加える。

トータルで何件になるのかは検討がつかないが、とりあえずはこの方法で、10年以上かけて積み上げていった元のデータベースを一巡りしよう。そう心に決めた。

# 第一章

# 4種類の「死にたい」

## 道標となる線引きを探す

正月休みが終わって平常運転の２０２３年が始まり、普段の仕事のペースに戻った。自殺に関するサイトの読みこみは優先順位を後ろにせざるを得ないが、隙間時間を自在に使える仕事なので、やる気さえあればどうにでもなる。

自殺に至る、あるいは自殺願望が高じる経緯は人それぞれで、残された情報のボリュームも同じものはひとつもない。わずかに2、３の日記を残しただけのブログから、10年以上前から平均で一日50回以上つぶやいているＳＮＳアカウントまで本当に様々だ。２０１０年代以降は複数のＳＮＳとブログを併用している例も珍しくない。精読を終えるのに１週間近くかかったこともあった。網羅的《もうらてき》に読みこんでいく道のりは長い。

そうして１ヶ月近く続けてみると、読了した「死にたい」の声は70件を超えた。元のデータベースに記入した順に該当するものをピックアップしているが、それでも全体の半分近くは消化したように思う。ここまで読み進めると全体的な傾向が朧気《おぼろげ》に見えてきて、分類するための線を引くアイデアがいろいろと浮かんでくる。

最初は性別や職業で分ける方法が思い浮かんだが、隅々まで読んでもそれらを断定するのは難しく、全体的な分類にはあまり意味をなさないようだった。

次に書き手の年齢層で分けることを考えた。年齢を明言していなくても、誕生日に「ついに三十路だ」とつぶやいていたり、「小6の頃に見た〇〇（テレビ番組の名称）」などの記述からある程度の年齢層が絞れたりする場合がしばしばあり、一定の更新数があるサイトでは意外と性別よりもあたりが付けやすかった。しかし、そこから先に意味が見いだせなかった。ティーンエイジャーは受験の悩みや人間関係などが前面に出る傾向も見られたが、20代後半以降になると年齢よりも職業や置かれた環境のほうが心境に強く影響を与えている印象だ。たとえば、30代と40代を分けても意味のある違いが見いだせなかった。総合的な分類には向かない感じだ。

それよりも可能性を感じたのは、サイトの更新が止まった時期で分ける方法だ。とりわけ2000年代半ばまでは、自殺に関する警戒の種類がそれ以降と違っているように感じることが多かった。たとえば、「死にたいと言う奴ほど死なない」といった言葉がコメント欄に書かれて一定の支持を取り付けていたり、何のためらいもなく練炭自殺などの具体的な方法を記載するブログが多数残されていたりと、自殺に関する情報の扱い方が2020年代とは明確に異なる。2010年前後からは、コメント欄も本人も言葉に気をつける雰囲気が次第に強まっていく。安易に自殺という行為を断じれば叩かれるし、直接的な計画を綴ったら通報されるということが知られるようになっていったのだろう。警戒感が高まり、核心のところはオブラートに包んだり比喩《ひゆ》的に表現したりする暗黙の了解のようなものが形成されていく流れは興味深かった。ただ、グラデーションを帯びた変化ということもあって、残念ながら分類法には使いづらかった。

そのなかで有効に思えたのは、自殺を決意した理由による分類だった。しかし、こちらも安易に分けることは難しく、最終的に断念した。ブログやSNSにある本人の言葉から推測できる場合も少なくないが、語られる理由がすべてだと判断できる材料が揃《そろ》わないことが多いし、複合的な要因が絡む場合にそれらの割合を推し量る客観的な物差しもない。厚生労働省が毎年発表している「自殺の統計」でも、本人の遺書や生前の言動を参考にして自殺の原因や動機を分類しているが、一人の自殺につき4点まで（2021年までは3点まで）計上しており、それらの比重などは計算していない。やはりひとつの理由で強引に仕分けるのは事実から離れる行為だろう。

なかなか線引きが決まらないうちに1月が終わりに差しかかり、「死にたい」声のリストは80件に達した。「性別」「年齢層」「職業」「活動エリア」「最終更新日」「自殺要因」など、リストの項目を足すたびに読み返して情報を書き加えていったので、これまでよりも明確にペースが落ちた。「類型」の列はいまだ空欄のままだったが、この読み返しが功を奏したらしい。

自殺に至る直接の理由ではなくて、自殺を決心するに至ったプロセスに注目して分類してみよう。ふとアイデアが湧いて項目を足してみると、何かが見えてきた気がした。

自殺を決心する背景にはやはり様々な事情が絡んでいるが、何らかの事情で唐突に「死にたい」という思いが高まったように見えるケースや、長く煩悶《はんもん》しながら「死にたい」に押し込まれていったように見えるケースなどには、年齢層や時代の垣根を越えた共通の傾向が浮かんでいるように思えた。他の属性をひとまずおいて、ここに注目すれば横軸が通る感じがする。その後が追えなかったり結果として生存が確認されたりした場合も、決心した時点で分類すればいい。予感は当たり、その後に新たなサイトを読みこむ際の道標として破綻《はたん》なく機能してくれた。そうして「類型」の列に書き込んだ分類が次の5つだ。

①引き金が明白なケース
②将来への絶望から志向したケース
③混乱したままのケース
④長い希死念慮が帰結したケース
——不明、その他

## 自殺に至るプロセス×4

類型①の「引き金が明白なケース」は、前述の自殺理由に関わるものだが、倒産やパートナーとの別れなど引き金がはっきりと書き残されている場合に理由を問わずに分類した。「死にたい」の感情がカットインしたように見えるケースだ。

類型②の「将来への絶望から志向したケース」は経済問題や健康問題、自身の将来性などから先々を悲観して死を志向するもので、長期にわたる深い悩みがあるものの明確な引き金は見当たらないケースが該当する。長期間かけて「死にたい」の増進と「生きたい」の減退が進んだように感じるものだ。

類型③の「混乱したままのケース」は死にたいと生きたいが交錯するなかで終わりを迎えたような、半ば事故の雰囲気が残るサイトが該当する。何らかの理由で「死にたい」が増進するが、「生きたい」思いは十分にあり、その状態のまま自殺に至る、あるいは更新停止となってしまったものだ。

最後の類型④の「長い希死念慮が帰結したケース」は、長年抱えてきた希死念慮から自殺に至ったとみられるもので、直近に引き金となる要素が見当たらず、「死にたい」が日常に溶け込んでいることが多い。それでいて「生きたい」という渇望が弱いように見えることもよくあった。

そのほか、自殺中継動画だけが単体で残された例や、死ぬつもりはなかったのに自殺に至ってしまった例、前触れと思える心情の吐露がなく自殺に至ったとみられる例など、プロセスが推定できないものは、「不明、その他」としてパターンの考察から除外している。

ただ、やはり大半のサイトは複数の要素を内包している。もともと強い希死念慮があったうえで明確な引き金が決定打となっていたり、将来への絶望から自暴自棄になっているうちに事態を悪化させて絶望を深めたりといった具合だ。だからこそ、最終的には自殺を決心するに至る最後の一押しが何であったのかという点を重視した。

大雑把《おおざっぱ》であれパターン分けの物差しができれば、〝「死にたい」のシャワー〟に圧倒されて個別の判断まで意識がいかない状態からは抜け出せる。とりあえず1枚上に階層ができることで、どんな発言やシチュエーションが周囲に悪影響を与える可能性があるのか、あるいは自殺防止につながるような要素あるのか、そのあたりが浮かび上がってくるかもしれない。

ただし、真に向き合うべきは個々のサイトの「死にたい」だ。類型ごとの傾向を探りながらも、あくまで判断の根拠は個々のサイトから見いだしたい。とはいえ、ここですべてのサイトを採り上げるのは紙幅的にも無理があるので、類型ごとに典型的なサイトを数点に絞って見ていく。「死にたい」という思いに至る思考や感情が深く刻まれた発信は、できる限り引用したい。とにかく個別の「死にたい」と向き合うことが大切だと思うからだ。

その先を共有するために共に考えてほしい。

## 「意地を張って生きてきた私は偉かったか。馬鹿だったか。」——東京女社長さん

類型①の「引き金が明白なケース」は、自殺事件として多くの人の記憶に留まっているケースも多い。たとえば2020年5月、リアリティーショーで嫌われ者の役回りを演じた出演者が、過剰な炎上の末に自殺した出来事を覚えている人も多いのではないだろうか。彼女が残したTwitterやInstagramには、彼女を追悼する言葉だけでなく、リアリティーショーやネットリンチの問題について訴えるような書き込みも連なっている。同様に、厳しい職場環境を苦に2015年に自殺した大手広告代理店勤務の女性のTwitter周りも近い色彩を帯びている。

この類型は、ときに自殺の要因と見なされる〝加害〟側の存在が目立ちやすい。けれど、そのサイトで主体をなしているのはあくまで〝被害〟側たる本人だ。自殺した人のサイトの本質を摑《つか》むうえでは、本人のなかにある「死にたい」、あるいは「生きたい」のプロセスを軸に読みこむことが重要だと思う。

2022年の暮れ、読みこみの手始めにアクセスした「借金総額4億円」を残して自殺した女性のブログは、この類型の典型だった。

ハンドルネームを「東京女社長」という。2009年2月にブログサービス「JUGEM」で「水玉の遺書」というブログを始めた。ブログの説明文には「人に弱音を吐けない、頑張ることだけが取り柄だったバカな女社長の最後の告白です。」とあり、自らが設定したブログのアドレスも「lastwaterdrop」(最後の一滴)としている。

最初の投稿がブログを開設した背景を伝える。空気を感じてもらうために、オリジナルの文章をできるだけ引用したい。

最初の投稿は2月8日。タイトルは「本日は晴天なり」とある。

〈都内のマンションン屋上の立ち入り禁止の柵を潜り抜けて屋上に立ってみた。

2月にしては暖かく、頬っぺをなでる風が気持ち良い。

道路を歩いている人は、女の人でもパンツ姿で、スカートをはいているのは寒さよりカワイサに命をかけられる女子校生達。ああ。私にもそんな青春時代があったハズ。一瞬だけ目頭が熱くなった。屋上から飛び降りるだけなのに、もう、散々悩んだのに、とつくに涙なんて枯れたのに、ほんの少しだけ残っていた私の生への欲求を刺激したのが、無垢な女子高生の集団だったなんて。私、今の格好で飛び降りたら、発見されたときにパンツ丸見えだろうな・・いつもスカートだからジーパン持っていないし、スカート抑えて飛び降りるのって出来るのかしら・・・。最後の最後にそんな恥をさらしたくはない。今日は一旦、自殺中止。〉

**ここから、自殺を思い立つ背景が語られる。**

〈今ここで私が死んだら、悲しむ人より喜ぶ人がたくさんいる。1億踏み倒した自称うつ病の元社長、私を騙した税理士、演技派関西タカリ社長、金に目のくらんだお客、そして一生懸命がすべてだと思っていた大バカな私。

生きていく気力はもう無い。

借金の金額が大き過ぎて、生きて返せる額ではない。

スヌーピーの便箋に遺書を書いたら涙で水玉模様が出来すぎて、読めなくなっちゃった。

さよなら私の人生。ありがとう&ばかやろうを残して死ぬことに決めました。もう、こんな思いの人が後からでませんように。決して、人前では弱音を吐けないバカな女の一生をつづります。〉

書き始めた時点で人生に絶望していることが伝わる。残されている投稿はここから同年4月まで合計6回だ。更新回数は多くないが、濃密な感情が随所《ずいしょ》に残されている。元凶の元社長との出会いを思い返しながら繰り返し語られるのは、どのように自殺するのかという思索と、元社長や税理士への恨みだ。

その無念の元を辿る行為は借金を押しつけられるよりも前、生まれ育った環境にも及んでいる。3月15日の投稿「電車の飛び込むのだけは」にはこうある。

〈取立てにも疲れた。精神的に持たない。生れてこなければ良かった。どうせ、親にも大事にされてなかったから、どうして今まで育ったんだろう。小学生の時のあだ名。うどん。毎日の食事はうどんだったから。一つしたの弟はいつもご飯とおかずがあった。

田舎育ちの男尊女卑。女の子はどうでもいいのよ。子供を産む道具だから。お母さんが言った。女の子はいらなかったのよ。何度口減らしに出そうと思ったかと。まるでおしんの世界だ。〉

不公平な両親の価値観に支配された幼少時代。その悔しさをバネに経営者となって成功を目指した。その先で裏切りにあって、どうしようもない絶望の淵《ふち》に落とされた。そんな半生を振り返った日記は、「そんな私。生きている価値なし。」と締められた。

最後の投稿はそれから1ヶ月の間を置いた4月20日の深夜だった。タイトルは「親宛の遺書の内容が思いつかない。」。

改行のない散文的な筆致で無念を吐き出していく。ここからの一節に、〝「死にたい」のシャワー〟のひとつとして前章に引用した箇所が重なる。改めて全文を引用したい。

〈葬式はいらない。死体も見ないで欲しい。遺書を書く気力ない。涙でない。世の中にお金が無ければいいのに。やり直せないのが人生。意地を張って生きてきた私は偉かったか。馬鹿だったか。父親に小学生の時、貴様ら誰のお陰で飯食えてると思っているんだって言われてから、恐ろしくて親に気を使って生きてきた。図書館で私、育児書読んでたよ。どうしたら親に気に入られるかと思って。それも限界。小学生の自殺の気持ちわかる。どこの親も子供を可愛いわけではない。母親は出来の悪い弟を溺愛し、私は冷遇された。生のささみを食わされた。わかっていた。可愛がられていないことくらい。でも、気がつかないフリをしていた。この一生の中で、誰も好きにならず死んでいくのは、哀れなのか。大学の学費もバイトして、ＯＬの給料も切り詰めて、一度くらい贅沢したかった。ずっと生きていくのやっとだった。最後に、詐欺師に騙された。そのお金返すために、死ぬ気で働いたお金でトラぶった。ここ数年、寝ないで働いた。もう良いよね。楽になりたい。ただ、私を騙した詐欺師と、長年騙され続けた私。まんまと逃げ切った税理士。もう、もう、十分だ。死んだ私の借金総額４億円。〉

愛されない、思うようにいかない人生を、それでも前向きに生きてきたという叫び。なかでも「意地を張って生きてきた私は偉かったか。馬鹿だったか。」の部分に、認められたい、報われたい心の奥底からの渇望を見た気がした。

引き金は明白だ。けれど、それまでに蓄積された思いは個々に追いかけないと見えてこないし、他者からは見えないところも多分にある。東京女社長さんはわずか６記事しか残していないが、そんな奥行きを伝えてくれる。

## 「あの子が幸せになりますように」――なかいきあかちゃんさん

インパクトの大きさから最後の瞬間に注目が向きがちな自殺中継動画でも、残された周辺の情報から故人が抱えているものの奥行きに触れられることがある。類型①でもう一例挙げたい。

2018年7月1日22時過ぎ、奈良盆地を走るある鉄道の駅のホームで、奈良県内の高校に通う女子生徒が線路に飛び込んだ。

彼女は少なくとも自殺をする2時間前から駅のホームに座り込み、動画配信サービス「ツイキャス」を使ってライブ動画を残している。深夜に友達と長電話しているようなゆっくりした調子で、訥々《とつとつ》とこぼしていた。

〈無理だよー。だって話し相手いないんだもん。話し相手がいません。誰も助けてくれません〉

〈彼氏にね三つ編みが似合うって言われた。から三つ編みしてきた。音信不通の彼氏に。

意味わかんねーよ。意味わかんない〉

〈なんで私頑張らなきゃいけないのかわかんない。私もう頑張りたくない。なんで頑張んなきゃいけないの。絶対死ねるよ。電車なんかに轢かれたら。何かもう無理だ〉

付き合っている年上の男性と連絡が取れなくなったこと以外にも、動画ではピル（経口《けいこう》避妊《ひにん》薬）を飲むよう強要されたことも仄めかしていた。カメラは電車がホームに近づく警報音も拾っている。

〈でも何かね、結構人多い〉

そう言いつつ、彼女は少し間を置いて無言のままスマホを壁に立てかけた。そこからの足取りは迷いを感じさせない。スマホのカメラは、通過電車が勢いよくホームを走り去る直前に彼女が線路に飛び込んだ様子をはっきりと収めていた。

ライブ動画を見る限りは、男女交際のもつれによる自殺と思われる。しかし、彼女が残したSNSアカウントのログを追いかけると、もう少し複雑な事情も見えてくる。

当時彼女が使っていた複数のSNSは死後間もなくしてすべて消失しているが、Twitterの「なかいきあかちゃん@ssb84t」とInstagramの「甘えぼdこ

＠ｓｓｂ８４ｔ」というアカウントに残されたものはウェイバックマシンから拾えた。Ｔｗｉｔｔｅｒでは２０１８年２月末から５月末まで３８５回の投稿をしていた。他愛のないやりとりや独り言から見えてくるものがある。

彼女は高校を一度中退して、別の高校に入り直したという。バイトしながら高校生活を送っているが、咳《せき》止め薬などのオーバードーズ（過剰摂取）や飲酒が常態化していて、精神状態は芳《かんば》しくない様子だった。精神科に通院し、カウンセリングを受けていることも明かしている。

〈先生に朝飲むやつじゃねーよっておこられて量減らされたふらふらするけどそれくらいでよかった結構何も考えたくないし〉（２０１８年３月９日）

〈日常的に飲んでる薬は役に立ってて、いいんですけど、急にくるパニックに対処できなくて飲んじゃうんですってゆったら、しりません、関係ないです、飲まないでくださいっていわれた。意味わかんなくて泣いちゃった。〉（２０１８年３月30日）

〈先生「パニックになっても薬は決まった量を飲んでくださいでもパニックの治し方は知りません」

カウンセリング「過去の記憶を消しましょう消し方はわかりません」まま「早く死んで」〉(2018年4月27日)

**生活について母親から注意されることもたびたびあったようだ。Twitterでは異性との交際について直接的な表現はみられない。ただ、前出のライブ動画につながる次のようなつぶやきも残している。**

〈なぁピル飲むんとゴムつけんの避妊の何が違うん?お母さんにピル飲みたいってゆったらくそみたいに怒られんねんけどよくわからん〉(2018年4月27日)

**そうした日々のつぶやきからは希死念慮が立ち上ってくる。彼女はリストカットも繰り返していた。**

〈しにたいね〜〉(2018年3月10日)

〈なんで自傷するのかって人それぞれだけど私は頑張り屋っていわれるのこわくて今は不器用な時期で無理ですっていいたくて仕方ないでも頑張りたい生きたい皆真面目すぎるってことだけ知ってる〉(2018年4月13日)

**「頑張り屋っていわれるのこわくて」、それでも「頑張りたい」くて無理な状況のときに自**

傷するという。この「頑張る」という言葉は彼女にとってとても重要な言葉のようだ。

〈昔っから頑張り屋さんだねっていわれるのだいすきで今までずっと頑張ってきたつもり〉（2018年3月7日）

〈毎日辛いけどしんどくならない程度に頑張るのがんばりたい！いまはねー、1週間頑張った自分へのご褒美にケーキ食べたい！甘いのだいすき！〉（2018年4月28日）

それを踏まえると、ライブ動画の「私もう頑張りたくない」の発言は重い。

Ｉｎｓｔａｇｒａｍは２０１８年４月末から５月末までにアップした８件の投稿のみが拾えた。そのなかで目を引いたのは、自宅のキッチンで撮ったショートフィルムだ。大量の咳止め錠剤を紙コップに入れて、水を注いでスプーンでかき混ぜる。そして表面の糖衣《とうい》が溶けたら流しに捨てるという、おそらくはオーバードーズの準備作業を映した動画だが、彼女が鼻をすすっている音も入っている。同日のＴｗｉｔｔｅｒに「無理になってきて泣いている」とあるから、やはり泣いているのだろう。5月4日の投稿で、テキスト欄にはこう書いてある。

〈あの子が幸せになりますようにあの子が幸せになりますようにあの子が幸せになりま

すようにあの子が幸せになりますようにあの子が幸せになりますようにあの子が幸せになりますようにあの子が幸せになりますように……〉

コピー&ペーストと思われる24回の繰り返し。「あの子」が彼氏を指しているのか、また別の人物を指しているのかは分からないが、非難のニュアンスを感じさせる。加えて、助けを求める思いもこもっているかもしれない。最後のライブ動画もこの感情に共通するものが覆っていたように感じた。そして行き着いた先に、「私もう頑張りたくない」があったのではないか。

総合すると、「なかいきあかちゃん」さんの自殺の引き金は確かに彼氏との交際トラブルだったのだろう。しかし、彼氏とは無関係のところでも「死にたい」が高まっていて、自分ではどうすることもできない状態になっていたようにもみえる。そういう意味では、類型③の「混乱したままのケース」や類型④の「長い希死念慮が帰結したケース」の要素もはらんでいるようにみえる。やはり自殺の理由は簡単には断定できない。

## 「本当にもう心の底から自分を、家庭を変えたい」――氏ムシメさん

2023年の元日にYouTubeで追いかけたぼっちさんは4類型のうち、②の「将来への絶望から志向したケース」といえた。この類型は年齢層が広く、比較的自らの考えを率直に吐露していることが多い。それゆえに、精読中にこのパターンのサイトと向き合うとぼっちさんが重なってみえることがよくあった。

特に顕著だったのは、「日本一才能のない漫画家志望（死亡）」というブログだ。このブログは、故人が残したサイトの事例をまとめた拙著『故人サイト』（社会評論社、2015年）で採り上げており、以前からある程度の知識があった。しかし改めて精読してみると、死に至る感情の揺らぎをいくつか見落としていたことに気づいた。

ブログを書いたのは都内在住の男性で、ハンドルネームを氏ムシメ（うじむしめ）さんという。2007年10月、19歳のときに意を決してブログを始めた。当初のブログ名は「Never Say Poor ワーキングプア☆ステーション」だった。

〈みなさまはじめまして。

蛆虫からネーミングしました、氏ムシメと申します。

呼んで字のごとく、社会の底辺最下層で生きる蛆虫のような
社会連鎖の末端で生きる人間です・・・・・・。〉

そう自虐しつつも末端では終わらない意志を明らかにする。

〈今回こうやってブログを立ち上げたのは
20歳という節目の歳を目前に、このままではいけないと
心から・・・本当にもう心の底から自分を、家庭を変えたいと
思ったからです。

どこまで出来るかわかりませんが、自分の命がある限りは
絶対にがんばってこの負の連鎖から抜け出して行こうと思います。〉

最初の記事のタイトルは「格差社会」。ブログによれば、大学に進学できず、近所のコンビニでバイトをして糊口《ここう》をしのぐ日々を送っている。バブル崩壊の煽りを受けて父親は3度も職を失い、母は10年近く前から精神障害により日常生活が送れなくなっているという。家計を助けるべく高校生の頃からバイトを続けているが、どう考えても上がり目がな

い。このワーキングプアの状態から抜け出したい。

最初に目指していた会社の就職試験に失敗し、次に光明を見いだしたのが漫画家になる道だったという。年の瀬に迫る２００７年12月22日の投稿「おいらの決心」でこう宣言している。

〈２０１１年12月31日　デビューできてなかったら自分の命日
もしこの４年で頑張ってダメだったんなら、絶壁飛び降りでも首吊りでも練炭でもなんでもやって、〝ケジメ〟を付けさせてもらいます。

家族の誰だって自分なんか早く死んでくれればいいと思ってるだろうし。

いっつも書いているように、死んでも誰も困らない、悲しまれない。

本当に底辺の人間やからさ・・・・。〉

あと４年、24歳になるまでに漫画家としてデビューできなければ終わり。自らを奮い立たせるために人生の期限を設定した。

その決意が本気であることはその後の歩みから伝わってくる。バイトを続けながら、漫画賞へ挑戦し、なけなしの貯金をどうにか工面して漫画の専門学校に通うようにもなった。ブログにアップする4コマ漫画や、ライブ配信サービス「スティッカム」で配信中に映る原稿からも、着実に実力をつけていった様子が感じ取れる。
日々奮闘しているように見えた。それでも絶望の影が晴れる気配がしないのは、氏ムシメさんの根底にある悲観がしばしば表に出てくるからだと思う。2008年12月18日の日記にはこんな記述がある。
〈最近毎日口癖のように「アァーもう首吊りたいよォォ!」とか「硫化(※筆者注：半角の「イ」と「ヒ」)水素吸ってやるぅ!!」と叫んでしまう…

相変わらずワープアのままやけど人生は去年ほど辛くないのだから
別に死ぬ必要も無いんだけれども、どうしてもそう思ってしまうんですね。

まだまだやりたい事だって一杯あるし
最近やっとこの世に生まれてよかったな、と思えるような出来事も

増えてきたから、出来れば生きたいんだけれども・・・・〉

タイトルは「死にたい願望」。先の漫画家デビュー宣言も前向きな決意表明ではあるけれど、条件付きの自殺予告と言えなくもない。

氏ムシメさんは成功したときのイメージよりも、ダメだったときの身の処し方や周囲の空気感などの表現のほうが常に具体的で、自ら敷いた背水の陣の背後ばかりを気にしている節がある。この日記からは、後退せざるを得なくなる状況をある意味期待するような思いも感じてしまった。

## 「街の灯り見てると切ない」――氏ムシメさん

それでも着実に漫画家への道を進んでいるようにも見えた。2010年11月には、雑誌に連載を持つプロの漫画家の下でアシスタントとして働くようになったという。しかし、ここで心のバランスが急激に崩れる。11月17日午前3時の日記。

〈いまやっと今日の夜作業終わりましたが…

明日は10時開始みたい…

いまやっと寝るとこです（泣）
なんか本当に、こんなに大変だと思わなかった…(TmT)〉

激務に加え、自分の実力のなさや職場の殺伐《さつばつ》とした雰囲気も追い打ちをかけていったようだ。アシスタント生活を送り始めてからアップするようになった「肉筆日記」ではストレートな愚痴もこぼしている。12月21日の抜粋。


〈本当…自分てゴミだよねぇ!!（今さら何を…）

今日も例のジジイから嫌味三昧…

遠回しにやめろみたいな事も言われたりし…

先生やチーフの人にならともかく、なんで40にもなって（↑しかも50に近い）こんな仕事してる、カマキリ似のテメェに言われなきゃならんのよ??って…〉

肉筆日記の締めの一文にも、ブログで何度も繰り返されたパターンがみられる。

〈あと3日位で終わるらしいですが、もうコレ終わったら本気で死のうと思う…〉

氏ムシメさんはこれまでも冗談半分、ときに日記のオチとして「死にたい」と何度も書いてきた。このときの「死のうと思う」もいつもの延長線にあるように思う。そう書くとあまり深刻でないように映るが、違う。

米国のロナルド・C・ケスラー博士らが1999年に行った自殺に関する大規模疫学《えきがく》調査によると、「死にたい」と表明した人の34％が実際に自殺計画を立てており、そのうち72％が自殺を図るに至ったという。つまり、「死にたい」と表明した4人に1人が自殺を実行する局面まで進んでしまったことになる。結果的に未遂となったケースも含めた数値ながら、当時の米国の自殺率が10万人に10人強（0・01％強）だったことを考えると非常に高リスクな状態だと分かる。

また、自殺とインターネットの関係を研究している和光大学の末木《すえき》新《はじめ》教授も2015年に国内のTwitterユーザーを対象に同種の調査の研究論文を発表している。論文によると20代のユーザーで見ると、「死にたい」とつぶやく人はそうでない人に比べて自殺念慮を抱いたり自殺計画を立てたりした経験が約2・5倍あり、自殺企図に至るリスクも約1・7倍に上ったという。やはり冗談や気を引きたいだけに見える「死にたい」であっても、言葉の裏側には本気の感情、本気のリスクが潜んでいる可能性があると考えておいたほうが良さそうだ。

2011年の仕事始めは、1月4日。その前日に氏ムシメさんは新年のカレンダーを買いに行った。

〈父ちゃんが、今年はトイレに新しいカレンダー欲しいっていうんで
買いに行ったんだけれども、こんな時期だからかあんまり残って居なくてさ・・・

残ったものから選んだのは
めっちゃかっこいいガンダム
一月の絵柄はこんな感じだったよー

なんか、トイレには勿体無いくらいね〉

父に頼まれたカレンダー選びを楽しみ、同日夜には近所の神社も参拝したと書いている。

ブログには年明けの不安を綴りながらも、これからも人生が続くことを疑っていないよう

に見えた。

しかし、この夜の2ちゃんねる「メンタルヘルス板」には、匿名《とくめい》でこんな書き込みが残されている。タイムスタンプは21時31分44秒とある。

〈いよいよ今日決行となってしまいました。最愛の母と共に逝きます。

こんにちち、私の命があったのもドクターキリユ様はじめ硫化自殺の礎を作ってくださった先人の皆様のおかげのことと思い心から感謝している次第です。本当にありがとうございます。

お先に失礼致します。〉

この書き込みが氏ムシメさんのものである証拠はない。ただ、この5時間半後、ブログに最後の投稿がなされたのは事実だ。正確には1月4日の午前2時52分。暗闇のなかで遠方に横たわる街灯などが写る、ややブレた写真に添えて、一言書かれている。

〈街の灯り見てると切ない〉

タイトルは「灯火」。

その10時間後、次の記事が新聞で報じられた。

〈4日午前7時45分ごろ、東京都世田谷区野毛の多摩川河川敷で、ポリ袋をかぶった男性と女性が倒れているのをジョギング中の男性が見つけ、110番通報した。2人は搬送先の病院で死亡が確認された。警視庁玉川署によると、亡くなったのは50代の母親と20代の息子とみられ、倒れていたそばに遺書もあった。同署は無理心中とみて身元の確認を急いでいる。（略）遺書には生活苦や病気の悩みなどが書かれていたという。〉

（2011年1月4日／MSN産経ニュース）

この自殺が報じられてから2日近く過ぎた頃に2ちゃんねるの書き込みとのつながりを不安視する声が上がった。その半日後に氏ムシメさんと親交があった男性が管轄《かんかつ》の警察署に状況を尋ねたうえで、「どうも本人である可能性が高いように見受けられました」と記し、そこからコメント欄は訃報《ふほう》の色を帯びていく。

男性は教育ジャーナリストの松本肇《まつもとはじめ》さん。氏ムシメさんより2回り世代が上だが、ワーキングプア等の実態を調べる過程で知り合い、友人となったという。松本さんに連絡をとってそのときの様子を尋ねたところ、快く応じてくれた。

前年末から氏ムシメさんの様子に危険を感じていた松本さんは、多摩川河川敷での心中記事を読んで悪い予感がしたという。コメント欄にあるように、すぐに所轄の警察署に問い合わせた。

「血縁でない私に警察は故人の身元を明かすことはしませんでした。ただ、こちらが持っている情報を伝えると、『たぶん残念なことになると思う』と言われました」

氏ムシメさんは携帯電話を解約していた。必死に連絡先を探した結果、実家の電話番号が見つかった。そちらにかけると、何度か不通が繰り返された後にようやくつながった。松本さんが警察とのやりとりを伝えると、電話の向こうにいる氏ムシメさんの家族は、「そうです」と静かに認めたという。氏ムシメさんは、自らが決めたタイムリミットより1年近く早い「ケジメ」を選んだことになる。4年のうち3年を費やして本気で積み上げたものが無に帰したことで、残り1年に望みをつなぐ心が折れたのかもしれない。

母との心中を選んだ理由は分からない。母は昔から育児ができる状況になく、幼少期は父や祖父母との思い出のほうが断然色濃いと書いていた。病気の影響もあって子供に辛くあたることもあったらしい。一方で、心中の数日前、母の誕生日である12月28日には母への感謝を素直に綴った日記を残してもいる。一色の感情で語れないのが親子関係なのだろう。

それにしても、最後に投稿した「街の灯り見てると切ない」という文章には、簡単に解釈できないものがある。悔しさや諦めは感じるけれど、助けを求めたり自己を正当化したりする押しの強い感情は立ち上ってこない。

自分なりに活路を見いだして、何とか現状から抜け出そうとし、もがく。もがいた先で壁にぶつかって自分に絶望して、「死にたい」の本気度が急激に高まっていく。それでも生への執着は消えていないけれど、他の道が見つけられない。そんな氏ムシメさんの煩悶《はんもん》を間近で眺めている気持ちになった。それは底なし沼に近かった。その底なし沼のぬかるみに、ぼっちさんの姿が何度かよぎった。

## 1ヶ月ぶりの生存報告

だから、作業の合間にYouTubeを開いて、ぼっちさんの「○○日後に死ぬニート」が更新されていることに気づいたときは、その異変を理解するのにちょっと時間がかかってしまった。更新日は2023年1月27日。2022年12月31日の動画から1か月近く経っている。タイトルには「【余命宣告】自殺に失敗して余命宣告を受けました」とある。彼は生きていた。

カメラは台所にはなく、何本かの管につながれて病院のベッドに横たわっている男性の左上腕あたりを映していた。ぼっちさんとみられるその男性は、ほとんど動かない。静止画に近い8分の映像のなかで、いつものピアノソロ曲に乗せて無音の字幕だけが更新されていく。

まず語られたのは、ことの顛末《てんまつ》だ。大晦日の夜、家族が寝静まったのを見計らってぼっちさんは自宅で自殺に踏み切ったという。意識はそこで途絶えたらしい。

〈次に気がついた時
僕は病院のベッドの上にいて
様々な計器に繋がれていました
朝方、家族に発見された僕は
緊急搬送されたみたいで…
意識が戻るまでの2日間

ＩＣＵで治療を受けていたそうです〉

両親に泣いて怒られ、それで大切にされていることを再認識したという。しかし、体調が回復しても退院とはならず、精密検査に回された。その結果、スキルス胃がんが見つかり、余命1年と宣告されたとのこと。

〈自分の状況を受け入れるまでに少し時間がかかりましたが、これからはなるべく前向きに、見る人に命の尊さを伝えていけるようなチャンネルにしていきたいと思っています。〉

唐突ながん告知と、180度変わったような心境はすぐには受け入れがたかった。とはいえ、大晦日の自殺企図は本気だったように思われた。少なくともそのまま死んでも良いという覚悟でいたのではないか。詳細な手順は伏せるが、準備から決行に至る説明は具体的だったし、実際の自殺例が多数確認されている方法でもあった。加えて、2022年12月1日の動画から年内に自殺すると宣言しており、その間に上げた動画でも理由や決意が一切揺らいでいなかった。そのことも私の推測を補強した。

本気の自殺を実行し、その思いをインターネットに残した人が今も生きている。しかも、通報やアカウントの凍結まで経験した本人だ。「死にたい」と発信する難しさや、それでも発信する真意はどこにあるのか。そして、その投稿が消されてしまうことについてはどう思っているのか。私が知りたい本音を抱えている人が画面の向こうで息をしている。

チャンネルの概要ページにヤフーメールのアドレスが載っていたので、すぐに質問メールを送った。

しがないフリー記者が掲載の目処もとくにないまま送った質問だ。ぼっちさんにとって答えるメリットはほとんどない。それでも文面を読んでもらえさえすれば、体調が落ち着いた頃に返信がもらえそうな気がした。聞いてほしいという気持ちが動画から強く出ていたからそう思えたのかもしれない。

**「人生変わるだろうな、楽しいだろうな。。。」――kokoro2さん**

類型③の「混乱したままのケース」に当てはまるサイトを読みこんでいるときは、電車に飛び込んだ高校生のAさんの最後の投稿――家に帰りたい／お願いだから家に帰りたい――が何度もリフレインした。というよりも、Aさんの投稿が強くリフレインしたためにこの類型だと認識したケースが何度かあった。
「病みと心」というブログには、そうした心の揺れが強烈に残されている。神奈川県に住んでいるという男性が2013年3月の土曜日夕暮れに開設し、胸の内を吐き出す場所として半年間使われていた。プロフィールのハンドルネーム欄には「ｋｏｋｏｒｏ２」とある。彼は過去にもブログを立ち上げていた時期があるそうで、そのときの名前（ｋｏｋｏｒｏ？）からナンバリングしたのかもしれないが、旧ブログは見つけられなかった。
最初の投稿で自身やブログのコンセプトを端的に伝える例は多い。3月2日の最初の投稿「壊れた心」で、ブログを始めたときのｋｏｋｏｒｏ２さんの来歴が知れる。
〈深夜　一人で居ると気分が沈む
何か、したわけでもないのに
何で心が壊れたか？
原因はいろいろある。
でも、すべて思いだしていたら
嫌なことばかりなので

かえって沈む・・・
考えない方がいい。
こんな話
誰も聞いてくれない
ここで話す。
ブログやHPでしか
こんな話聞いてくれないよ。〉

ブログによれば、10年前にリストラに遭い、第二種運転免許を取得して手にしたタクシー運転手の職もうつ病になって辞めざるをえなくなったという。閉鎖病棟にも入院した。ブログ開設時は実家で療養しており、再就職を目指しているところだったという。けれど、沈んだ精神は一向に良くならない。日中は前向きに社会復帰を模索しているが、日が暮れて夜になると自殺願望が頭をもたげてくると何度も綴っている。

3月9日の日記「うつ病の症状」でこう打ち明ける。

〈僕は気持ちのコントロールが出来ないんです。

出来ないと言うより、知らない間に気持ちが
勝手に浮き沈みします、
そして、やっぱり危険なのは夜・・・
部屋にテレビはないので、ラジオを聴いていますけど
それでも駄目ですね、
自分の性格も多少関係してると思いますけど、
なので、精神安定剤は絶対必要です。〉

更新のタイミングはバラバラだが、全体でみると夕方から深夜にかけてということが多い。基本的に毎日1回以上、多い日は4回以上も投稿を残している。家族やかつての職場からの無理解を愚痴《ぐち》る内容が多いが、元気だった頃に撮った鉄道写真をアップして論評したり、再就職の計画を立ててみたりする日記もしばしばみられた。そちらが本来のkoro2さんなのだろう。そういう日記は昼から夕方にかけてが多い。

一方で、自殺願望が高じたときに感情を吐き出してやりすごす場として何度も使われた痕跡が残っている。たとえば、6月14日23時29分の日記。

〈もう、ほんとに疲れた、
疲れた
疲れた
疲れた
生きるのに疲れた。
消えてしまいたい
居なくなればいい〉
シンプルな思考をそのまま文字にして、細切れに改行したような吐露が続く。
〈疲れた
疲れた
考えるのも辛い、
疲れた、
どうしたら
楽になれる?〉

自殺のニュースがあれば読まずにはおれず、インターネットのうつ病掲示板へは毎日のようにアクセスして思いを書き込んだり他の人の苦しみに共感したりしているという。いなくなってしまいたい気持ちが波のように押し寄せてくるが、吐き出すことで何とかやり過ごしていると幾度か明かしていた。

家族とはどうしても折り合わず、8月に近くのアパートで一人暮らしを始めたと書く。落ち込んだときも、一人の時間を長く保つことで回復できたそうだ。その一方で、環境の変化と孤独感はまた、ダメージとして心に影響を及ぼしてくる。

8月10日14時37分、「ストレスと孤独」からの抜粋。

〈ストレスは無くなっても、
孤独になる。。。
どっちがいいのか、

家族と生活するか、
一人暮らしをするか、

どちらにしても、
精神面では同じか？

では今、自分がやろうとしてる事は
何なんだ？
うつ病にいい事なのか。〉

何をしても苦しみから抜け出せない。けれど、通院は必死に続けた。

外に出ると精神が摩耗《まもう》するから、日用品の買い出しなどは通院のついでにするようにして、病んだ心にこれ以上負荷をかけないような生活を続けたという。すべてはうつ病を治して元の暮らしに戻るためという決心が伝わってくる。

太陽が頭上にあるときのｋｏｋｏｒｏ2さんは、やはり前を向いている。9月22日14時7分の日記「僕の将来」にはこう書かれていた。

〈これからの、僕の人生…

どんな人生になるのかな？

うつ病が完治して、社会復帰して
毎日、働く。
人生変わるだろうな、
楽しいだろうな。。。
再び、いろんな人と出会って、
毎日が動く。

そんな、人生になるといいな。〉
このブログの最終投稿はこの約7時間後だった。
〈ありがとうございました。
首吊り自殺します。
さようなら…〉
陽が沈み込んだ夜21時17分にアップした「お別れ、」という日記が、非更新のブログによく掲載される広告投稿の直下に10年以上も鎮座《ちんざ》している。

昼に前向きになって夜に絶望する心の揺れは、残された半年間のブログで何十回も繰り返されてきた。9月に入って心の状態が悪化していったように感じたものの、22日の揺れもこれまでのものとそこまで大きな違いはみられない。だから通して読むと、ぼっちさんや氏ムシメさんのような、心が折れた感じがしなかった。揺れが普段よりわずかに大きくなってしまって、ほんの少しだけ境界を越えてしまったような感じ。その微かな揺らぎが混乱の最中という印象を深くする。あるいは、この後に気持ちが持ち直して朝を迎えたのかもしれない。宣言を反故《ほご》にした後ろめたさや恥ずかしさからブログを離れただけなのかもしれない。本当のところはやはり分からないけれど、私の脳にはやはり高校生のAさんの最後の投稿が浮かんでくる。

## 「何も考えなくて良い状態になりたい」──しのぶさん

類型④の「長い希死念慮が帰結したケース」は、「死にたい」思いが強いのはもちろんのこと、「生きたい」感情が希薄《きはく》に感じることが多かった。SNSやブログで追いかけていると、いつでも「死にたい」側に振り切れるような、どんなに周囲が手を差し伸べても経済面や人的な面で恵まれた環境になっても、それでもすんなりと死を選ぶような儚《はかな》さを纏《まと》っている印象を受けた。他者の助けによって「死にたい」が落ち着く雰囲気がほとんどなく、いつでも彼岸《ひがん》に行ける浮遊感。この類型は最も手の届かない、干渉しようがない感じがした。

その感覚を高解像で伝えてくれるのが、1999年から2004年にかけて更新されていたホームページ「魔法の笛と銀のすず」だ。

管理人は群馬県で暮らす男性の「しのぶ」さん。クラシック音楽や文学、マンガ、ホームページ、自然、時事、それに美少女系を含めたゲームコンテンツのことなどを深く考察して自分なりの批評を綴っている。ほとんど欠かさずに日記を更新し、個人サイトがブームとなっていた時代にコアな読者を集めていた。

そこで希死念慮について触れることもたびたびあった。

〈たまにふらっと死にたいなーとか思ったりする。いや、死にたいっていうか、消えていなくなりたいって感じ。なにも考えなくて良い状態になりたい。…という思考が頭の中をぐるぐるするんだけど、大抵は1時間ぐらいで消えていきます。1日の中で、鬱と躁を何回も繰り返す状態。疲れるっていえば疲れるんだけど、思考なんて自分の意志とは無関係に余所からやってくるものだし、最近というかここ数年は、その時々のそういう感情とか思考の動きに身を委ねていたりもする。なんにしろ、自分で決定や判断を下さないのは楽だ。〉（日記——2000年11月8日（水））

日記によれば、しのぶさんは高校卒業後は千葉県の新聞販売店で勤めた後、地元の群馬県に戻って自動車工場で働くようになったという。ピアノの腕は社会に出てから独学で身につけている。

1998年にインターネットの世界に触れて以来、その魅力に取り憑《つ》かれた。すぐに毎日10サイトは見に行くようになり、翌年には自分でも個人サイトを作って発信するようになった。何者でもない個人が好きなように情報を発信できる場。開設して1年が過ぎた頃、「インターネットは素人の楽園であって欲しい」という思いを打ち明けている。

その視座から、普段は家族や友人、まして職場の同僚には話せない胸の内を丁寧に言葉に換えていく。

〈私にとって、言葉というのは常に誤解されるものでした。幼少の頃から、言葉が正しく伝わらないことはずっと悩みの種でした。私が喋る言葉はいつも誤解されて、大抵は誤解を解く機会すら与えられないものでした。言葉を使うというのは、自分が見た世界を表現するということで、それはおそらく自分を表現することと同義です。言葉が正しく伝わらないというのは、言ってみれば、自分という人間が正しく伝わらないということです。自分の言葉は理解されない、は、自分は理解されない、と同義です。〉(日記――2001年7月2日(月))

**そんな悩みを抱えるしのぶさんに、誤解される心配のない独り言は大切なものだった。ホームページはその独り言が自由に発信できる場だ。だからこそ、希死念慮も素直に吐露できたのかもしれない。**

〈究極的には、私が私であり続けるためには、いつか「自殺」という手段に走るしかなくなるのではないかと漠然と考えることはあります。ただ、それは周囲に迎合するのを拒否するというよりも、迎合することが致命的に不可能だと感じられるようになる時に訪れるのだと想像しています。〉(日記――2002年5月26日(日))

そうした諦観を埋め合わせる存在が「美しいもの」だったようだ。自然の美や芸術の美がしのぶさんに生きる活力を与え続けていたことが知れる。

〈私の人生の中で『癒された』と言える芸術体験は多分一度しかない。若い時分、生きるのが辛くて辛くて、いつ死んでもいいやと思っていた頃のこと。モーツァルトの魔笛に出逢った私は、涙をボロボロ流しながら、ああこの音楽があれば俺は生きていける、と思った。こういうことを考えたのは、後にも先にもこれ一回しかない。〉（日記――2000年9月18日（月））

しかし、希死念慮ないし、自殺願望はじわじわと濃くなっていく。

## 「私は薄氷の上に立っている。」――しのぶさん

2003年10月の日記には、自身でも摑み切れていない不安感が高まっている様子が記されている。少し長めになるが、自殺に関する考えが高解像で伝わってくる部分だけに、できるだけ省略せずに引用したい。

〈先週の予定（妄想）では俺は今日の時点では既にこの世には存在していないはずでし

た。

　正直、生きることに未練などないと思う。今でも、何かが惜しいから死にたくない、という考えはまったくない。けれどもまだ死にたくないらしい。死なねばならないほどには追い詰められていなかったということなのかもしれない。

　ネットで色々と自殺の方法を調べてみたが、結局のところそんな簡単にかつ確実に死ねるなどという虫のいい方法などというものは存在しなかったということはある。死ぬこと自体はさして怖いとは思わなかったが、間違って死に損なって後遺症が出て更に悲惨な生を生きねばならない可能性はたまらなく怖かった。これに関しては失敗は絶対に許されないのだ。

　自分がいない世界というものを想像してみたが、それはひどく寒々しい、寂しい世界のように思われた。

　でもそれ自体は別に死を思い留まる理由にはならない。〉（日記――2003年10月13日（月））

**最後は踏み止まる。**

〈もうちょっとだけ頑張って生きてみることにします。死にたくなったら…いやそうではなくて、今度こそ生きることはこれ以上はもう不可能だという地点まで行ってしまったら、黙って消えます。〉(同)

その後も、ゲームをしたり映画を観たりとリラックスした調子の日記が並ぶ。そうした日常のなかで、すっと唐突に生きる意味を見失うような感覚が差し込まれる。

〈私は薄氷の上に立っている。氷はいつ割れるか分からない。というよりもいつ割れてもおかしくない。毎日私は氷の軋む音に怯えている。その怯えが私から力を奪っている。〉(日記——2003年11月2日(日))

年が明けた後も死への言及はやはり唐突に差し込まれるが、急激に切迫した表現はない。ただ、頻度は増えていった。そして、終わりは唐突に訪れた。

2004年2月22日、好きなゲームやキャラクター1名が盛り込まれた、友人と遊んだ楽しげな報告が最後の日記となった。

〈一時間ぐらい海を眺めて、1000の夏の中で願いを叶えられなかったたくさんの観鈴たちに思いを馳せて。

それから帰ってルパン－22に寄って大往生を15億で2周ALLして。××さんと××さんに磯前神社で買ったお守り（お土産）を渡して、それから三人で足利学校を参観して。

馬車道で、三人で莫迦話をしながら夕食を取って。

帰宅してから水月を起動して雪さんに慰められて泣いて。

そんな普通に幸せな一日。〉（日記――2004年2月22日（日））

残されているサイトのトップページは、この日に撮影した海辺の写真に「――読んでくださってありがとうございます。」というメッセージを添えたものに変更されている。この日記から間もなくして自殺を遂げたことが、友人のサイトなどの周辺情報から知れる。

しのぶさんの死は唐突のようで、避けようがなかった結果のようにも映る。何しろ直接的な引き金が見当たらない。死に関する記述が日曜日と月曜日の日記に集中していることから、仕事に何らかのストレスを抱えていたのかもしれないが、想像の域を出ない。常々抱えていた「死にたいっていうか、消えていなくなりたいって感じ」が、「私を取り囲んでいる美しいものたち」の「意味を失ってしまう」事態をふと越えてしまった。まるでそれだけのことのように感じてしまう。

## 「生きてる価値無いんだよね。」――カナヤさん

その一方で、類型④のなかには「死にたい」以上に「自分を殺したい」という情念を強く感じるサイトもある。「愚痴　愚痴　愚痴」というブログがその一例だ。都会から離れた地域で専業主婦として暮らしているというカナヤさんが2010年4月に開設し、2011年8月まで散発的に日記をアップしていた。

肉体労働を生業とする夫と生まれたばかりの長子がおり、2011年7月には二人目の子を出産。妊娠と子育てに追われる大変な時期にこのブログを心の拠《よ》り所にしていた様子だ。心の底からの愚痴を吐き出すための場所だから、コメント欄も設けていないし、個人が特定されるような情報も載せていない。ブログ内でカナヤさんは二人目の子が生まれたら自殺すると宣言していた。

最初に自殺願望を表に出したのは2010年10月だった。

〈誰かに相談…愚痴も言えない。

親、旦那…誰であっても信用してないし、私の愚痴なんて誰も聞きたくないだろうから。

しばらく独りに…

いや、しばらく寝ていたい。
2週間くらい？（笑）

何も考えたくないし、何もしたくない。
すげー無気力感。

昨日、色々重なったのが嫌になって、本気で死にたいと思った……我が子や旦那のこととか、どーでも良くなった。

泣きながら、

ビルから飛び降りる夢を見た。〉（2010年10月13日「やべぇ、死にてぇ。」）

この日記だけなら一時的に気持ちが沈んだのではとも推測できるが、他の日記を読み進めると、もっと奥底に「死にたい」という感情が根を張っていることが伝わってくる。

カナヤさんはプロフィール欄にも「嫌い」という項目を立てて、こう箇条書きしている。

〈両親からの束縛

両親（特に実母）

実母の兄（犯された）

自分自身

自分に似て糞デブな奴〉

5歳の頃に家を捨てた精神科医の母は、カナヤさんが成人した後に過干渉するようになったという。小学生の頃、学校ではいじめに遭い、プライベートでは実母の兄から性的虐待を受けた。育ててくれた父も、独善的な説教をするだけで寄り添ってはくれなかった。どこにも自分の居場所はない。夫と出会い、結婚して子供もできた。子供は可愛いが、カナヤさんも可愛いと言う夫の言葉が受け入れられず、己という嫌いな存在を肯定する夫すら煩わしく感じたりもした。

プロフィール欄には「回避性人格障害」とも書いてある。他人から拒絶されたり恥をかいたりする可能性がある場面を嫌がる傾向が強く、夫と一緒でなければ外出も困難なほどだ。東日本大震災後に心因性失声となり、声が出せなくもなったという。二人目が生まれた後に書かれた次の日記の下地には、そんな自己評価がある。

〈私そもそも

生きてる価値

無いんだよね。〉(2011年8月11日「幸せな筈なのに。」)

手に職もなく、財産もない。母親の蓄えもすべて弟に渡るようになっているという。それなら自分は生活費がかかるだけマイナスな存在だとカナヤさんは言う。自己憐憫《じこれんびん》の色はあせきっていて、とにかく自分を突き放している。
その先にあるのが自殺という結論だ。

〈私は
自殺でもして
サッサと消えて

旦那には再婚してもらって
子供達には
私なんかよりもずっと優秀な
〝ママ〟を与えてやった方がいい。

私がママじゃない方が
子供達は幸せになれる。〉（同）

外出するのも大変な状況のなかで、すでにホームセンターで太いロープを買い、自殺を決行する日も決めたとも記している。同日に上げた別の日記で補足する。

〈"産後うつ"

とかではないですよ。

「2人目を産んだら死のう」

と、ずっとずっと前から

考えていましたので。

(略)

2歳と0歳なら

私のことは忘れるでしょう。〉(2011年8月11日「私が死ぬ日。」)

二人目の1ヶ月健診は世間一般ふうの母親を装って平穏にやり過ごし、予定日の3日前から食事を摂らないようにした。死後に排泄物《はいせつぶつ》が漏れないようにするためだ。そうして迎えた当日は、夫が予想外に早く帰宅したため決行を深夜にずらすことに。それでも意志が揺らぐことはなかったようだ。

最終投稿には、最後まで折り合わなかった愛情と自己嫌悪がゴツゴツとした岩石のように残されている。

〈この一週間
いつも以上に
子供達をいっぱい抱き締めた。

上の子は
下の子が生まれてから
急に甘えたさんになったので

いっぱい甘えさせた。

下の子にも
沢山母乳をあげといた。

飲ませ過ぎて
ちょっと戻してしまうくらいに。〉（2011年8月18日「やっと死ねる。サヨナラ。」）

**これが最後という夜、二人の子供の寝顔を眺めて、強い愛情がわき上がってくる。子供への愛が溢れ出る一言一言に嘘偽りは感じない。それと同じくらい、自己評価にも揺らぎを感じさせない。**

〈可愛いよねぇ…
やっぱり我が子は。
まさに天使だね。

クソデブ
不細工
ダニの私から
産まれたとは思えない。

旦那も
子供達もやっと寝た。
やっと死ねる。〉（同）

カナヤさんは、匿名で本音が吐露できる環境を作ったうえで気持ちを吐き出している。本音を知った読者や、あるいは近しい人が止めに入ることはできないし、非難したところで虚しく空を切るだけだろう。ただ、この一方通行の本音が全公開の状態で10年以上もインターネットに残されているのは、紛れもない事実だ。そこから何かを読み取ることはできないか——。

## 死にたくないから「死にたい」

「メールありがとうございます。メールにて質問に答えさせていただきます。」

ぼっちさんからメールが届いたのは、2023年の2月に入ってすぐのことだった。普段の取材先に向かう電車のなかで、スマホに「Ｒｅ：取材ご協力のお願い」というポップアップを見留めてざっと目を通す。かなり長文で質問に答えてくれている。体調や心理面で緊急を要する雰囲気はなさそうだ。直近の仕事に支障を来さないように、その日のノルマを終えて家族との夕食を済ませた後、仕事部屋でゆっくり目を通すことにした。

ぼっちさんは、ステージⅣのスキルス胃がんと診断されたと自身の状況を説明する。ステージⅣは別の臓器にがんが転移している状態で、進行の最終段階といえる。外科手術で原発がんを取り除いても完治が望めず、延命のために抗がん剤治療を軸に治療することになったという。必ずしもステージⅣ＝末期というわけではないが、ぼっちさんは自身の病気を「末期がん」と表現していた。私にそれ以上踏み込む権利はないだろう。

それよりも知りたかったのは、「死にたい」気持ちを発信する真意だ。通報によってＢＡＮされるリスクが無視できないインターネット環境においても、伏せ字にしたりぼかしたりせず、ストレートに「死にたい」と発信することにどんな意図があるのだろう？

ぼっちさんはこう返す。

「死にたくないからです。僕に関していえば、死にたいと叫ぶのは心からのＳＯＳで、心の健康を保つためにしています。自分の中で死にたい気持ちを抱え込んで生きることがすごくストレスで、死にたいと言えない社会に息苦しさも感じていました。ネットでは匿名で自分の気持ちに嘘をつかず、本音を他人に聞いてもらえることが僕にとって救いでもありました」

「死にたい」を押し殺さないことで生きている。エドウィン・S・シュナイドマンが説いた両価的な心境を思い起こさせる。ただ、生きるために発する普段の「死にたい」と、遺書を残した年末の自殺企図は心の有りようが一線を画しているようにも感じた。そこを追加で質問すると、今度は数時間後に返信が届いた。

「同じ心境……だと思いますが、その延長線上といった感じでしょうか。

僕の心の奥底では常に『死にたい気持ち』が通奏低音《つうそうていおん》のように鳴っています。それを鎮めるために僕は死にたいとSNSに吐き散らしているのですが、吐いても吐いても死にたい思いが鎮まらないとき、決行に至る場合があります。死にたい思いがキャパオーバーで処理することができなくなっていった感じでしょうか」

キャパオーバーになるトリガーは裏切られた気持ちだという。2022年5月に自殺中継騒動を起こした。そのときも視聴者の一部に裏切られたと感じたことが発端だったと振り返る。12月に自殺を決意した背景は明かしていないが、やはりフォロワーとの関係性があったことを仄めかす。

「発信をしていく中でいろいろな方と関わるのですが、良くも悪くも期待してしまうんですよね。勝手な話ですけどね、勝手に期待して勝手に裏切られたと感じて……」

そうした活動を通して、ぼっちさんはＴｗｉｔｔｅｒアカウントの凍結も経験している。そこはどう感じているのか。

「本音の語りにくさは感じています。凍結に関してはＴｗｉｔｔｅｒのルールもあるので仕方のないことだとも思いますが……。僕のように発信する立場になると思うような発言ができなくなったりする息苦しさもあります。誰かと死に関しての悩みをシェアできないのは少し残念だなと思います」

Ｔｗｉｔｔｅｒの場合、本音を吐露するだけなら、承認した相手だけに閲覧を許可するモード（俗称・鍵アカ）を選ぶ手もある。不意に拡散して不特定多数の目に留まり、晒《さら》し上げられて多数の人に通報されるリスクが抑えられる。ぼっちさんも承知しているが、できるだけ多くの人と思いを共有したいという目的とは折り合わない。それも含めて、仕方がないと感じている。自殺を肯定する発言が社会でどう受け止められるかはよく分かっていて、そこを押し通す気持ちはないようだ。

ただ、ひとつだけ不満をこぼしていた。

「Ｔｗｉｔｔｅｒのルールの曖昧さも気になっています。具体的なことは明文化されていませんので、どこまで発言していいのか境界線が曖昧でわからないこともあります」

２回のメールをやりとりした後、ぼっちさんは新たな動画をアップした。

病院のベッドに横になっており、左手首や胸元に複数の管が付けられている。前回とほぼ同じアングルだ。字幕では胃がんと診断されたショックを綴り、その後に次のようなことを語っていた。

〈病気になる前までは

先の見えない不安でいっぱいでした

でももうそのことは考えなくていいんです

それは僕にとって、メリットでもあります〉

生きているだけで家族のお荷物となっていると感じられたが、そこにリミットが生まれたから救われた気持ちになったという。確かにこの動画では「死にたい」と一度も綴っていない。

一時の昂揚《こうよう》からの言葉なのか、長年の不安感からの吐露なのか。そのニュアンスを推し量るには、まだ私はぼっちさんを知らない。いずれにしても、長い付き合いになりそうだ。

手応えを感じながら、いつか記事がまとまったときにチェックをお願いしたいと伝えたメールの最後に、「あ、もしよかったら古田《ふるた》で認識してやってください笑」と添えた。それまでぼっちさんのメールには「吉田様《よしだ》」と宛名がついていたためだ。古田姓というのはまぁ、どの地方で暮らしていても日常的に吉田と誤読されるものなので、私は気にもしていないが、ぼっちさんが後で気づいてバツが悪く感じて、連絡しにくくなるかもしれない。気にしすぎかもしれないが、どんなに小さくてもリスクの芽は取り除いておくべきだと思った。

すると、またすぐに返信が来た。

「古田さん、ありがとうございます。もし記事になった時はよろしくお願いします。あと、今後はもう少しフランクに話していただけたら嬉しいです。堅苦しいのは得意ではないので。笑」

私が死にゆく人や死に近い人をよく取材しているのは、社会的な意義や正義でも何でもなく、単純な好奇心からだ。先にも書いたが、物心ついた頃から、どんな娯楽よりも死という現象とその周辺に広がる情動や文化に心が動かされた。葬儀社時代もライターになってからも変わらない。

自分がそういう人間だと分かっているので、死に関する取材をお願いする人には嘘や語弊《ごへい》、非礼がないように普段以上に徹底して臨むようにしている。死という現象は遠慮や予断などなく観察したほうが有意義だと考えているが、死にゆく人や遺された人たちの尊厳は自分の仕事などより優先すべきだと思っている。

たぶんそれが堅苦しさを生んでいる。ぼっちさんの求めるフランクさを身につける自信はなかったが、歩み寄ってもらえたのは嬉しかった。とりあえず、こちらのメールもこれまでの「ぼっちです。様」から「ぼっちさん」呼びに改め、語尾を「ですね」として口語調っぽい柔らかな感じにするなど、なけなしの工夫を絞り出して返信した。単純に仲良くなれるならなりたい。

このときは、ここから連絡が途絶えるとは思っていなかった。

# 第三章
# 「死にたい」の魔力

## 143人の「死にたい」

元のデータベースの読みこみが一通り終わったのは、2023年3月半ばだった。15日の期限が迫る確定申告を先にやり終えてしまうか、ラストスパートをかけて年末から続く作業に一区切りつけるのを優先するかを迷った。

結局、後者を選択してサイトへの没頭を続けていた頃、夕食時にテレビから「小中高生の自殺過去最多」というニュースが飛び込んできた。スマホのカメラアプリを起動してテレビ画面を撮影してスクラップ。家族との時間を過ごした後に、仕事部屋に戻ってスマホの画面を見ながらパソコンで検索する。

2022年に国内で自殺した人数の確定値が発表されたのを受けての報道だった。全体では前年から874人増の2万1881人だったが、なかでも小中高生の数字が伸びており、統計が残る1980年以降で最多の514人に上ったという。ただ、突発的に上昇したわけではない。この世代の自殺者は2000年代から漸増傾向が続いている。「初の500人突破」は驚くべきニュースに見えるが、ここ数十年の動きとつながっている。ここ

3ヶ月ほど私が読みこんできたサイトにも10代の書き手はたくさんいた。その人たちと地続きであり、統計と同じような苦しさを抱えていた事例も多かったのではないかと思える。

これまで私がリストアップしたサイトを数えると143件あった。

このうち「不明、その他」に入るものが30件あった。それらを除いた113件の内訳は、類型①の「引き金が明白なケース」が27件で、類型②「将来への絶望から志向したケース」が44件、類型③の「混乱したままのケース」は8件と少なく、類型④「長い希死念慮が帰結したケース」が34件だった。

とはいえ、元のデータベースからして特定の情報群を網羅的にさらったものではないのだし、比率はあまり気にしなくていいだろう。〝「死にたい」のシャワー〟が分類可能な声に変わったことが重要だ。これである程度の思索ができるはず。

そもそも、なぜ自殺願望をインターネットに残すのだろう?

恨みを持つ相手への復讐のため、あるいは自殺の助力を求めるためなど、実利的な面が発起点になっているケースは案外少ないようだ。読みこんでみると、ほとんどのケースは

「死にたい」とつぶやくこと、あるいはただ吐き出すこと自体が目的の根底にあると感じた。その先に読者や視聴者がいることが前提になってはいるが、はっきりしたレスポンスを求めている人ばかりではない。双方向感が必ずしも重視されないという表現が正確かもしれない。実際、日記ページにコメント欄と「いいね！」に類するボタンを排して、10年以上も淡々と自殺願望を綴ったブログもあった。

「死にたい」、そして、「伝えたい」。あるいは「口に出したい」。

自殺を示唆する人のサイトは、ほぼ例外なくこの思いが上流に存在している。そこから、煩悶や恨み、諦めなど、どんな感情を乗せて下流に進むかは、身を置く環境や本人の考え方、あるいは発信する媒体などで変わってくる。それがこれまで見てきた4つの類型に枝分かれして表出しているように思えた。

類型①「引き金が明白なケース」は、自殺の引き金について強く言及することで「死にたい」と伝えてくる。東京女社長さんは、自分に借金を負わせて逃げた元社長や税理士、さらには不幸な人生を歩む根本原因を作った両親の行状と恨みを書き綴った。自殺中継動画を残したなかいきあかちゃんさんは、中絶を強要した彼氏への恨みが核にあった。恨みが前面に出ていない場合も、自らの死と引き換えに一矢報《いっし》いてやろう、あるいは何かしらの告発をしてやろうという攻撃的な感情が内に感じられるものも多かった。喧嘩などのトラブルが発生した際に片方の言い分だけを聞くような心持ちにもしばしばなった。相手や境遇によって生じた「死にたい」といえる。

それに対して、類型②「将来への絶望から志向したケース」では、愚痴が自分自身に向けられる傾向が強い。漫画家を目指した氏ムシメさんも、ぼっちさんも、自分に絶望している。こんな自分が希望のある未来を生きるビジョンが想像できない。これからも上手くいかないことを過去の様々な経験が証明している。いろいろと考えていろいろと頑張ってきた結果、もう死ぬしかない。そうした自分なりの揺るぎない結論が下支えとなって「死にたい」と叫んでいると感じる。外部の状況よりも内面の比重が大きい「死にたい」だ。

類型③「混乱したままのケース」は最後まで生きることに望みをつないでいるので、「死にたい」を込める対象は定まっていないことが多い。それまでの痕跡から、特定の相手や自分自身に言及されることは多々あるが、絞り込まれていない印象を受ける。何しろ「生きたい」のだ。まとめサイトで見た高校生のAさんは学業の状況が、夜にネガティブの波が来るkokoro2さんはうつ病が壁として立ちはだかったように見えた。その壁に「生きたい」が阻まれてついに自殺を決意したと映る。事故に近い印象だ。

類型④「長い希死念慮が帰結したケース」は、そうした「生きたい」という強い訴えが聞こえないものが少なくなかった。「魔法の笛と銀のすず」のしのぶさんは、「たまにふっと死にたいなーとか思ったりする。いや、死にたいっていうか、消えていなくなりたいって感じ」と日記に綴っていた。そのトーンの延長線上で、何かを強く訴えることなく終わりを告げる叫びのないケースだ。両親や親戚、夫と世の中、そして自分自身へのネガティブな感情を吐き出していたカナヤさんは、同類型でも比較的珍しいパターンではあるが、その毒は窮状《きゅうじょう》を訴える悲痛よりもすべてを諦めた厭世《えんせい》のほうが色濃く出ている。愛する子供を慈《いつく》しんでもなお、どうしても「生きたい」という感情が見えてこない。どこまでも捨て身であり、どこまでも触れられない「死にたい」。いずれのサイトでも他の類型とは異なる印象を持ったのは確かだ。

そうやって「死にたい」を分解して、最上流にある感情を観察すると、やはり公序良俗に反するとは断じられないように思えた。

最上流で湧き出ている共通の成分は、生きづらさからくる苦痛だ。深刻な苦痛だ。同情心を取り除いて眺めても、この苦しみを社会の害悪とするのは見当違いと思える。電車やバスなどで腹痛を訴える人に対して、その苦悶の表情が公共の秩序を乱すから止めろと言うのに近いかもしれない。

苦痛を吐露することまで害悪とする世の中は窮屈が過ぎる。苦痛が増した先にある「死にたい」も同様だ。そこから下流で枝分かれした4類型も中心にあるのは苦痛であって、丸ごと否定するのは妥当とは思えない。

そうではなくて、周囲に悪影響を直接及ぼしそうなアウトプット、たとえば問題のある表現だけに目を光らせればいいのではないか?

## 自殺教唆とウェルテル効果

では、どんな表現が公序良俗に反するだろう。

読みこみを始めた当初は、類型①「引き金が明白なケース」に数多みられた恨みの感情、他害の感情がそれにあたるのではないかと思った。しかし、第一に警戒すべきはそちらではなく、自殺に誘うような書き方にあると思える。読む人が自殺したくなるように仕向けたり、自殺のための実践的な情報を提供したりする文章は、どの類型でもたまにみられた。書き手の年齢層や考え方が自分に近いと、思わず自殺する自分をシミュレーションしてしまう。自殺に至る思考のプロセスが何となく見えてきてしまう。そんな内容を読むたびに、高層ビルの屋上の縁に立ったかのような緊張をした。

自殺誘導につながる表現は、SNSやブログの運営元も警戒している。

Twitterのヘルプセンターを調べてみると、アカウント凍結されるシチュエーションが3つ挙げられていた（Xになった後に若干のページ構成の変更がみられたが、基本的な方針に変わりはなかった）。スパム行為や偽装などの迷惑行為がみられる場合と、IDとパスワードを公開するなどしてセキュリティ上危険な状態にある場合、攻撃的な言動がみられる場合だ。

自殺誘導は最後の攻撃的な言動のなかに含まれる。ページには「自殺や自傷行為を助長または推奨することはできません」と理由が添えられていて、具体例が挙げられている。

〈・他者に自傷行為や自殺を教唆すること

・他のユーザーに、自傷行為や自殺を教唆するよう依頼すること〈集団自殺や自殺ゲームの参加者を募ることや、自傷行為や自殺をほう助する情報、方法、手段、指示を共有することなどを含む〉

自傷や自殺方法を伝えたり、教えてもらったりする使い方を一切禁止する意志が伝わってくる。2つ目の項目にある「自殺ゲーム」は、2010年代に世界各地の若者の間で流行ったマインドコントロールゲーム「Blue Whale（青い鯨）チャレンジ」を想定していると思われる。

このチャレンジにプレイヤーとして参加すると、ゲームの管理人から50の課題が与えられ、1日につき1つクリアしていくことでレベルを上げていくというルールに身を置くことになる。課題は「指定された文字を手に刻んだ写真を送る」「指定されたホラー動画を見る」などからエスカレートしていき、50日目には飛び降り自殺への「チャレンジ」に至る。ロシアが発祥《はっしょう》とされるが、様々な言語版ができて世界中に広がって各国で社会問題化した。

一方で、次の行為は原則としてポリシー違反に当たらないとしている。

〈・自傷行為や自殺に関連する身の上話や個人的な体験談の共有
・自傷行為や自殺の願望に対する対処メカニズムやリソースの共有
・自傷行為や自殺の防止に関連する調査、擁護、教育に焦点を当てた会話〉

「死にたい」と思ったエピソードを人に話したり、自殺に至る精神構造や社会の問題を論じたりするのは良い。問題としているのは、読む者を「死にたい」気持ちに追い込んだり、「死にたい」を後押ししたりする情報を提供することだというわけだ。

ぼっちさんの首つり練習動画に「次のコンテンツには、自殺や自傷行為のトピックが含まれている可能性があります。」という警告画面が表示されたように、この線引きはYouTubeも含めた他のSNSでも概《おおむ》ね共通している。そして、このガイドラインは世界で一定の合意形成ができているように思う。

その根拠として外せないのは、「ウェルテル効果」という現象の浸透だ。

ウェルテル効果とは、マスメディアによる自殺報道が自殺を誘発する二次加害現象を表す言葉で、1974年に米国の社会学者デイビッド・フィリップスがニューヨークタイムズに寄稿した記事から広まった。1947年から67年までの全米の月間自殺者数と自殺報道の関連性を調べたところ、大々的に自殺が報じられるほど自殺率が上がる有意な関係性がみとめられたという。そしてこの現象に、200年前に若者の自殺ブームを引き起こしたことで知られるゲーテの小説『若きウェルテルの悩み』の主人公の名前をつけた。

このウェルテル効果を抑えることは、WHO（世界保健機関）でも自殺防止のひとつの指針になっている。有名人の自殺等が発生するたびに厚生労働省が発行している「自殺に関する報道にあたってのお願い」の論旨《ろんし》もこの指針に基づいていて、「自殺に用いた手段について明確に表現しないこと」や「自殺が発生した現場や場所の詳細を伝えないこと」、「いのちの電話などの専門機関につなげるよう配慮すること」などを繰り返し要請している。

有名人が自殺した状況を具体的に追体験するような報道がなされ、大勢の人がその情報に繰り返し触れることは好ましくない。国際機関がそう警告を発していて、宗教観も人生の価値観も異なる多くの国々の公序良俗に影響を与えている。各SNSの自殺を巡る倫理観も、間違いなくウェルテル効果を防ぐという正義が下敷きになっている。日本でも、2006年に自殺対策基本法が公布されるよりも前から研究者によって伝えられ、マスメディアが自殺事件を報じる際に守るべき重要な指針とされている。

それでも、有名人が自殺に選んだ具体的な方法や場所がテレビや新聞、インターネットを賑わせているのは、ご存知のとおりだ。ウェルテル効果は猛威《もうい》を振るい続けている。

令和の時代になってからの顕著な例としては、2020年9月末に40歳で自殺した俳優の竹内結子《たけうちゆうこ》さんのケースが挙げられるだろう。彼女が命を絶った翌月の女性の自殺者数は、前年同月と比べて300人以上も増加し、約900人となっている。前後数年の同月はいずれも600人未満なので、ざっと1・5倍。異常な伸びだ。

コロナ禍で不安を抱えている人が増えていたとはいえ、前後の月と比較しても数百人増えるような増加はなく、同時期の男性の増減も目立った変化はない。2020年10月の女性の自殺数だけが、突出している。コロナ禍では様々な有名人の自殺が報じられたが、統計にここまでの動きが出た例は他に見当たらない。

彼女の自殺を報じる大抵のニュースは、おざなりであってもウェルテル効果を意識していて、記事の最後にいのちの電話の電話番号を載せるなどはしていた。他の有名人の自殺報道も同様だ。それでもこれだけかけ離れた影響が生じた事実は、別の要因を分析する必要性を示しているのかもしれない。

ただ、そちらを思索するのは本筋ではない。今確認したいのは、インターネット上で個人が自由に発信する際も、ウェルテル効果を防ぐ意識が社会通念の常識として求められているということだ。

この前提は広まっているように思える。しかし、個人が各々の判断で情報発信できるインターネットにおいて、違反しているケースを見つけることはたやすい。

**「調べていたら、××××自殺にたどり着きました。」**

たとえば、Twitter上で28歳の誕生日に自殺するとかねて宣言していたある女性は、2023年1月にこんな予約投稿を残している。

〈これは予約ツイート

私はすでに死んでいる

1月24日に××××自殺を図った

なお遺体はすぐ発見してもらえるよう手をまわしている

一般的な×××××を用いた。少しでも苦痛を感じた場合は中止する予定なのでこのツイートが投稿できたなら安楽死に成功している
参考までに
#拡散希望〉

通報があったためか、この投稿は3ヶ月後にはアカウントが凍結されて非公開となった。のちに再び公開されているが、いずれの判断も詳細は明らかにされていない。

一方で、自殺の方法を記載しながら何年経っても放置されたままになっているケースも数多い。

投稿時30代とみられる人物が残したブログ「誰がために僕は眠る」は2017年7月7日の予約投稿をアップしたまま7年放置されている。そこにもやはり自殺の方法が具体的に記されている。

〈というわけで、自殺しました。
この予約投稿がそのまま載ってるってことはそういうことです。
×××××を使いました。

自殺は首吊り一択だと長らく思っていたのですが、ネットでなんとなく××死について調べていたら、××××自殺にたどり着きました。〉

前者が3ヶ月でインターネットから一時的に姿を消して、後者が無風で残り続けている理由は、単純に通報機会の多寡《たか》ではないかと思う。

前者の女性のフォロワーは当時1000人未満で、多くはなかった。しかし、最後の投稿は衝撃的であり、本人が「#拡散希望」というハッシュタグをつけていたこともあって、大量に拡散された。アーカイブを調べると、20万以上のアクセスがあったことが分かる。それだけ多くの人の目に触れると、通報される機会も増えるだろう。通報されれば、「他者に自傷行為や自殺を教唆すること」に抵触していると見なされるのは間違いないように思える。ただ、それであっても約3ヶ月間も存在し続けた事実は見逃せない。

それに対して、後者のブログは7年以上も残っている。コメント欄がなく、SNSに連動する機能も備えていない静かな作りになっていて、拡散されにくいのが理由のひとつかもしれない。また、個人情報が推測できる情報は何も残しておらず、おそらくは親族にもブログの存在を気づかれていない。要するに、ブログサービスの運営元に通報するモチベーションを持つ人に気づかれていないのだ。社会から無視されているから存在できているに過ぎないと見受けられる。

では、どの程度拡散されたら通報されて、どの程度までは見過ごされるのか。そこにはっきりとした線引きは今のところないようだ。通報された後にあまりバズっていない投稿でも即座に運営が動いてBANされることもあるし、逆のケースもある。同じSNSやブログサービス内でも、対処の差を感じるケースは数え切れないほどある。このあたりの具合が、ぼっちさんに「どこまで発言していいのか境界線が曖昧でわからないこともあります」と言わせているのだろう。

実際、第一章の〝「死にたい」のシャワー〟のひとつとして取り上げたように、恨みを抱く職場の同僚の氏名を羅列して自殺予告した全公開の投稿が10年以上放置されているケースもあれば、亡くなる数日前からくも膜下出血の症状をそれと気づかずにつぶやいていた人のアカウントが通報されて凍結に至ったケースもある。結果的に残された死へのプロセスが「過度にグロテスク、暴力的」と判断されて、BAN対象とされたのかもしれないが、真相は不明だ。Ｔｗｉｔｔｅｒ社が個別の判断理由を開陳《かいちん》することはこれまでもなかったし、今後も期待できないだろう。インターネット界隈は通報する側も通報を受け取る側も判断の揺らぎがあり、何年経っても振幅《しんぷく》の幅が狭くなっていかないところがある。この不安定さも、Ｔ・Ｋさんにｔ×××××０００さんのアカウントを通報する手段を提示する気になれなかった理由のひとつだ。

どのあたりまでが「自傷行為や自殺に関連する身の上話や個人的な体験談」として許容されて、何が「他者に自傷行為や自殺を教唆すること」と判断されるのか。そこが公平にジャッジされる信頼性があれば、運営元に公序良俗の判断を委ねるのもひとつの対応策になったのかもしれない。とはいえ、国柄や来歴も様々な民間企業に、各国各地域、各年齢層のモラルに合致する公明正大さを求めるのはやはり難しいだろう。最終的には、遺族を含む残された側が個別に頭を悩ませる部分はどうしても残ってしまう。

## 多くの人を引きこむ「魔力」

ただ、仮に自殺教唆に対して完全な対策が打てたとしても、自殺を誘引する状況はそれだけではなくならないだろう。

結局のところ、読む者の自殺願望を深める場や状況を包括的に規制しないことにはSNS各社が求める根本解決には至らないはずなのに、何が自殺願望を深めるのかがあやふやなままだ。自殺教唆は分かりやすい一例でしかない。分かりにくいところを顕在化させて輪郭《りんかく》を探らないことには始まらないのではないか。

そのためには、今は許容範囲とされている「自傷行為や自殺に関連する身の上話や個人的な体験談」に踏みこむ必要がある。実のところ、この体験談こそが、読者の「死にたい」を誘発する恐れを抱かせる本丸ではないかとすら思う。

そう考える背景には、143サイトを読みこんだ経験がある。様々な人の自殺願望が濃くなっていく過程を追いかけているうちに、私自身心が重く沈みかけたことがたびたびあった。境遇に同情したり、考え方に共感したりする人が自殺に向かうプロセスを年単位で追いかけていると、分かりやすく気が滅入《めい》った。私は映画や小説で涙を流したことはこれまでの人生で一度もなく、あまり感受性は豊かなほうではないと自覚している。そんな人間でも、「死にたい」とまではいかないまでも、すべてを投げ出したい気持ちになったり、将来を考えるときに「どうせ上手くいかないだろう」などと悲観的な考えに傾いたりした。どうもこれまでよりも後ろ向きに捉える性格になっている感じだ。

神経科学を研究している池上剛《いけがみつよし》博士とゴウリシャンカー・ガネッシュ博士が2014年に発表した論文に、興味深い実験の結果が載っている。ダーツの達人に、初心者の試技《しぎ》を見て当たる場所を予測したうえで自らの試技に入ってもらい、そのスコアを計測するというものだ。回数を繰り返して予測の精度が上がるにつれて、達人のスコアは下がっていったという。つまり、初心者をよく観察するほど下手になっていったのだ。これは観察される側の行動が観察する側に影響を与えることを示唆している。

ひょっとしたらブログやSNSでその人の思考を追体験することも、これと同じで追体験する側の思考に何かしらの作用をもたらすのではないだろうか――などといった不安が頭を掠《かす》めたりした。

ブログでもSNSでも使われるのは基本的に一人称の文体だ。一人称は読む者に追体験を強いる。ウェルテル効果の元ネタである『若きウェルテルの悩み』も、ウェルテルが友人に宛てた手紙という体裁で構成されている。一人称は自殺に至る具体的な手法や場所だけでなく、そこまでの思考もありありと伝えてくる。だからこそ、当時の若者の心を捉え、追体験させ、自殺に誘導する不測の力を宿したのではないだろうか。

一人称で自殺を扱った文学は世界中にある。そのなかでも『若きウェルテルの悩み』が自殺誘導の書として象徴的に扱われるようになった背景にはどんな要素があったのだろうか？

報道自粛《じしゅく》を求められているような直接的な誘導要素ではない別の何か。「死にたい」の最上流から降りてきて、文字や動画などの形となり、場合によって生じる多くの人を引きこむ力。あえて「魔力」と呼んでみよう。

この「魔力」の正体を見極めることが、本当の意味で「死にたい」という思いの吐露と公序良俗に反する要素を切り分けて捉える糸口になるのかもしれない。

**「僕はもうダメです。あと100日。」——zedocさん**

「魔力」という視点で4類型と向き合うと、それぞれに異なる傾向があった。

類型①の「引き金が明白なケース」は、綴られた状況を追体験すると同時に引っ張られる感じが強かった。③の「混乱したままのケース」は、環境や事の次第ではなく、予想できない感情の揺れにしばしば呑まれた。一方で④の「長い希死念慮が帰結したケース」は、どれだけの量を読んでも、書き手と自分との距離が埋まらない印象を受けるサイトが多かった。共感しないわけではないが、同調には至らない感じ。「生きたい」が最初から減衰《げんすい》しきっているところに理由があるのかもしれない。

その反証のように、「生きたい」感情がじわじわと後退していく②「将来への絶望から志向したケース」は、更新回数や更新期間が増えるほど心境に影響を及ぼす感じがあった。漫画家を目指した氏ムシメさんのブログのように、心が折れて死にたくなるプロセスがつぶさに追体験できる構造が関係していそうだ。

そうした構造を意識的に利用したと思われる例も、②には少なからず存在する。自殺予定日を宣言して、更新のたびにカウントダウンするというもので、いわば「魔力」の自己利用だ。日本でその元祖と呼べるのは、2000年2月まで更新していたホームページ「終わる世界」だろう。管理人は都内で一人暮らしするzedocさん。彼は1999年10月28日、ホームページ内に「自殺日記」と名付けた日記コーナーを設け、同じページに日ごとのテキストを追加することで日記を綴っていった。

〈僕は今日から100日後に死のうと思います。

死ぬ方法はまだ考えていませんが、何らかの方法で自殺するつもりです。

僕はもうダメです。

あと100日。〉

それから日記の更新のたびに「あと99日」「あと98日」と数字を減らしていく。当初は更新日が少し空くこともあったが、次第にリアルの日付と同期してカウントダウンされるようになっていった。

綴られているのは、誰にも必要とされず、生きる価値がないと思える自分自身のこと。自殺する場所や方法のこと。世の中から目に飛び込んでくる気に入らないことなどだ。

カウントダウンを始めて12日目、家族との絆も切れたエピソードを綴っている。

〈数ヶ月ぶりに僕の部屋の電話が鳴りました。

受話器を取るときにドキドキして、心臓がものすごいはやさで動いているのが分かりました。汗ばんだ手で受話器を取り、できるだけ冷静な声で「もしもし」と言いました。

電話の相手は母でした。正確に言えば、もう母親ではく《ママ》赤の他人ですが。〉

コミュニケーションの道具に時代が滲《にじ》む。日記には、1999年7月に恐怖の大王が降りてくるというノストラダムスの大予言が外れたことへの言及もあった。当時、平穏な日常を破壊するカタストロフィの到来を話半分やそれ以上の比率で信じている人が少なからずいた。そんな空気感も残している。

〈僕はとりあえずホッとしましたが、以前母親だった女性は何かぎこちない様子で話しはじめました。彼女によると、もう僕とは会わないそうです。電話もかけることはないと言われました。そのとき、僕は特に悲しいとか寂しいとは思いませんでした。いつも悲しくて寂しいから・・・。

最後に「じゃあ」と言って受話器を置きました。

もう何も思い残すことはありません。

あと89日。〉

『完全自殺マニュアル』を買って自殺の方法を模索し、オーバードーズで死ぬための薬を手に入れる目的で精神科のクリニックに通ったという。担当医は妙齢《みょうれい》の女性だった。その医師が男女共用のトイレに廃棄した生理用ナプキンを持ち帰って自慰するなど、ｚｅｄｏｃさん自身の倒錯した行為も赤裸々《せきらら》に綴っている。

〈僕は本当に汚らわしい存在です。生きていてはいけない存在です。先生のような人にとって、僕はなんの価値もない人間です。価値がないだけでなく、先生を汚したクズです。僕は絶対に死にます。絶対に・・・。

あと39日。〉

大きな情動があるたびに「死にます」と書いて決意を固める。その一方で、年が明けた1月末には、ホームページの掲示板に「死ぬのやめました。」という題名の書き込みを残してもいる。本文には「多少辛くても、やっぱり生きていくことにしました。」とあり、メールアドレスも公開している。頑なに個人情報を隠してきたｚｅｄｏｃさんの心境に何か大きな変化が訪れたと思われる。

しかし、それは一時の揺らぎだったのか、その後も自殺日記の更新は止まらなかった。自殺装置としての日記コーナーが、レールから外れることを留めたのかもしれない。

〈僕は、誰に向かって何のために日記を書いてきたんだろうと思います。

最初は死ぬ踏ん切りをつけるためだと思っていました。でも、それならメールアドレスを載せなければよかったし、メールを受け取ってもウェブページ上でさえ返事を書かなければよかったんです。〉

感情の揺らぎを明け透けにしながら、それでも最終的な判断はカウントダウンを終えたうえで決めたいと綴る。この日記も「あと5日。」と締めている。

そして、決行日の前日。ｚｅｄｏｃさんは住み慣れたアパートのブレーカーを落として死地に向かったと書いている。新幹線を使って目的地の近くに辿り着き、ホテルに1泊。翌朝にアップした日記が最後のものとなる。

〈時間がきました。これからチェックアウトします。今着ているスキーウェアのズボンがちょっと長めですが、長靴を履けばちょうどよくなると思います。現時点では、生きるか死ぬか、本当にまだ決めていません。僕はあの場所で決断します。僕の人生で初めての決断です。

それでは、行ってきます。〉

これ以降、ｚｅｄｏｃさんの足跡は辿れない。当時から創作を疑う声が多く、私も事実かどうか確認できていない。真実はどうあれ、自殺カウントダウンという手法自体は、その後も複数のサイトで受け継がれている。

## 「死ぬまで後230日。」――zar2012さん

たとえば12年後には、30代半ばの男性というzar2012さんが「死ぬまで後○○日」とカウントダウンするブログを始めている。

当初は、FX（外国為替《かわせ》証拠金取引）の利益でセミリタイアを狙うというコンセプトのブログだったが、2011年3月11日に起きた東日本大震災後の為替の大変動に耐えきれずに、虎の子の財産のほとんどを失ってしまったという。ここで心が折れ、会社を辞める。どうにか残った貯金を取り崩して生活し、底を突いたら死のうと決心する。タイトルを「無への道程」と改めたブログは、自殺するまでの心情を吐き出す場として使われるようになった。コメント欄もこのタイミングで閉鎖している。

自殺カウントダウンを始めたのは、それから半年後のことだ。

〈すこぶるどうでもいいと思うかもしれませんが、

死ぬまでのカウントダウンをこのブログで毎回書き込んでみる事にしました。

確定の日にちではありませんが、
とりあえず2012年10月29日に死ぬ事にします。
まぁ、とりあえずとは言っても、微調整はあれど
それ程大きくずれることはたぶん無いと思います。

という訳で、
18＋30＋31＋30＋31＋31＋30＋29で死ぬまで後230日。〉（2012年3月14日「死のカウントダウン&富士山、梅林行」）

以降の日記は、冒頭に「死ぬまで後○○日」と書かれるのが恒例となり、やがて月末には貯金の残高も添えられるようになる。

〈死ぬまで後123日。
家賃を支払い、残りの貯金は57万円です。〉（2012年6月29日「残りの貯蓄額&世

界からの断絶」〉

〈死ぬまで後92日。

家賃を支払い、残りの貯蓄額は40万円です。〉（2012年7月30日「残りの貯蓄残高」）

〈死ぬまで後60日。

家賃を支払い、残りの貯金は27万円です。〉（2012年8月31日「残りの貯蓄額」）

日記では旅行や読書の記録はたびたび登場するが、家族や恋人、友人との交友の跡はほぼ見つからない。孤独な余生をできるかぎり快適に過ごしている様子が窺える。読了した書籍や時事問題などと絡めて世相を切り捨てる様子もたびたびみられたが、その憤怒の粘り気は薄く、現世にもはや強い執着がないようにも感じられた。

自分自身へも期待していない。ただ諦観するのみ。ブログ上ではそういう自分に徹しようと意識していたのかもしれないし、もうすでに本心から「生きたい」という思いが失せていたのかもしれない。

〈自分とて生まれてからずっと死にたがってた訳でもなく。

若い頃は自分なりに救いや成功を求めていました。〉（2012年9月24日「救いを求

めて」〉
その希望は絶たれ、FXで稼いでセミリタイアする夢も崩れた。思い通りに進まない人生を送っているうちに、若さという財産も溶けてきた。その抗《あらが》えない事実がzar2012さんの決意を固くさせているように映る。
〈腰や胃腸の不調など健康の問題も目立つようになってきて、
更に正社員として再就職するのも困難な35歳になっていた事もあり、
ここらで人生を終わっておいた方がいいという判断をするに至った訳で。
親でも何でも頼る…という手は一応残されていますが
そこまでして生きていたいとはどうしても思えなかった。〉(同)
そして、当初の予定日としていた10月29日を迎える。最後の投稿は、早朝7時にアップされた。
〈死ぬまで後1日。
(略)
日本が、こんなブログの内容なんかすぐに消し飛ばせるような豊かな社会になってくれるように祈って終わりとします。

では、さようなら。〉（2012年10月29日「さようなら」）

ここまで淡々とカウントダウンを完遂するケースは珍しい。ブログタイトルにあるとおり、zar2012さんは生まれ変わりや天国などを信じていない。全否定はしていないが、少なくとも死後の拠り所として期待する様子は最後までなかった。ただただ自分の将来を諦めて、無一文《むいちもん》になったら無に帰す。お金が底を尽きるタイミングも当初定めた期日から寸分も違わないように調整している。少なくともブログ上では、自ら整えた舞台とそのルールを几帳面《きちょうめん》に守り抜いた。その徹底ぶりもあり、その後も自殺願望を抱く人のブログやSNSでしばしば言及される存在になっている。

自殺カウントダウン以外にも、日本縦断のバイクツーリングの末にゴール時点で身投げするという自殺法が踏襲された例もある。いずれの事例でも真の理由は最後の最後までおくびにも出さず、何も知らないフォロワーにショックを与えた。

日記の更新もツーリングも、一酸化炭素や首を吊るロープのような直接的な殺傷能力はない。けれど、自殺に至る状況に自らを縛り付ける効果は確かにある。真の目的を中断することに誰も異を唱えないだろうが、本人にとっては自らが決めた行動であり、そのために敷いたレールだ。このレールが「魔力」を自分に向かわせる。そして、分かりやすいストーリーは観衆やフォロワーを呼び込み、「魔力」を再生産させる作用もあるだろう。世界中で爆発的に流行し、多くの若者を自殺に導いた「Ｂｌｕｅ Ｗｈａｌｅ（青い鯨）チャレンジ」ゲームと同じように。

## 死後にバズった自殺中継――なかいきあかちゃんさん

自らを舞台に立たせて逃げられないようにする。この手法を自らの最後のひと押しに利用したのが、自殺中継ではないだろうか。

２０２２年末にシャワーのように浴びた「死にたい」の声。その一人である滋賀県の中学生「エロいメンヘラ処女ｊｃ」さんは、２ちゃんねるに「伝説になるんです」と書き込んだうえで自殺中継に踏み切った。舞台である以上は承認欲求的な感情も込められると思う。しかし、確実に事をなすための拘束具《こうそくぐ》として使っている気配も覗く。人に注目されるという状況は、監視される状況でもある。それを承知で自らの身を置いた感じだ。

この手法は、類型③の「混乱したままのケース」でしばしばみられる。高校生のAさんが電車に飛び込む直前までTwitterで心情を吐露していたのも、自殺中継の延長線上といえるだろう。

また、類型①の「引き金が明白なケース」でも若年層には、この手法がよく使われていた。とりわけ類型③の要素をはらむ場合は、混乱の最中に自分の行動を縛るために自殺中継を利用することがある種の定型になっていると感じた。

そのなかでも強力な「魔力」を宿したのが、①の事例として先に追いかけた奈良県の高校生のなかいきあかちゃんさんだ。彼女の事例は、自殺中継という手法によって元からあった「魔力」が爆発的に増幅する可能性があることも示唆している。

彼女のアカウントのフォロワーは、生前はそこまで多くなかった。TwitterとInstagramのフォロワーはともに100人未満であり、何万、何十万のフォロワーを抱えるような、いわゆるインフルエンサーではない。しかし、彼女は命を絶った後にカリスマと化した。

自殺中継はライブ配信サービスの「ツイキャス」を使ってなされたが、大本はすぐに消されている。しかし、飛び降りの瞬間を含む40秒のその動画は、簡単な検索で誰でも辿り着けるほど拡散しきっている。「でも何かね、結構人多い」とカメラに向かってつぶやき、スマホを壁に立てかけた後の動画だ。

ガーリーな着こなしの女子高生が、あどけなさを残した仕草で座り込んでいたホームから立ち上がり、少しふらつきながら線路に向かって躊躇《ちゅうちょ》なく歩いていく。そのまま黄色い線の外側を越えると、両足を揃えた状態で線路に飛び降りた。その姿が消えるか否かの瞬間、画面右端から通過列車が突入し、人体の抵抗など物ともしないスピードのまま走り去っていく。

この短い動画は人のゴシップ欲をかき立てるのに十分すぎる情報が詰まっていた。さらに、なかいきあかちゃんさんが残したＴｗｉｔｔｅｒとＩｎｓｔａｇｒａｍは、その欲を増幅する情報が満載だった。彼女の自撮り写真やショート動画、複数のつぶやきで綴られる自殺未遂、生きづらさのなかで高校を入り直して頑張るエピソードは、悲劇の結末を迎える少女像を矛盾なく組み上げていく。要するに、分かりやすく可憐《かれん》で可哀想だった。生前には多くの人に気づかれなかったそうしたポテンシャルが、「魔力」によって死後にブレイクスルーを起こした。なかいきあかちゃんさんが死の直前に残した諸々の言葉や動画は、圧倒的にバズるコンテンツとして不特定多数の人々に複製され、インターネットを縦《じゅう》横無尽《おうむじん》に駆け巡った。

その延長線上の現象なのか、不思議なことが起きた。没後に消失した彼女のＳＮＳのうち、Ｔｗｉｔｔｅｒのアカウントだけが復活したのだ。

先に触れた通り、私は10年前から数ヶ月に1回のペースで故人が残したサイトのデータベースを全件チェックしている。何らかの意図でページが抹消されたり、安否不明と思われていた人が数年振りにブログを更新していたりするので、大量のサイトの動静を追うためにはこの定点観測が欠かせない。

彼女のＴｗｉｔｔｅｒやＩｎｓｔａｇｒａｍは、インターネット界隈で話題になっていることに気づいた直後にデータベースに加えて、メモアプリでクリップしている。自殺中継は、関連するアカウントも含めてたちまちＢＡＮされる可能性があるためで、実際にその通りになった。

ところが、その1ヶ月後にデータベースの横断チェックを進めていたとき、彼女のTwitterページにアクセスすると「やなせ@ssb84t」というユーザーの投稿が表示されるようになっていた。アイコンの画像やアカウント名は異なるものの、@以下の文字列であるスクリーンネームはなかいきあかちゃんさんと同じだ。ただし、非公開アカウントとなっているため、何が投稿されているかは分からない。

これは乗っ取りではなく、Twitter特有の現象だ。このSNSはスクリーンネームをいつでも変更できるうえ、変更された場合は30日間の猶予《ゆうよ》期間を過ぎると誰でもそれを取得できる仕様になっている。スクリーンネームは、ユーザーページのURLに使われるため、同じ文字列が同時に複数存在することは許されない。しかし、元のユーザーが手放してしまえば、早い者勝ちで新たなユーザーが手に入れられる。Xと名を変えた後も同じ仕組みだ。一方で、Instagramは手放されたスクリーンネームは誰であっても再取得できない仕組みになっているので、こうした現象は起こらない。

おそらくやなせさんは、カリスマのスクリーンネーム「ssb84t」が宙に浮いていたところを誰よりも早く手に入れたのだろう。

何のために？

## 「使えたので使いました」

それを尋ねるために接触を試みたことがある。しかし、アカウント名は再び変わっていた。「みづき＠ｓｓｂ８４ｔ」というネームで、再び公開アカウントになっている。投稿する内容から高校生か大学生、専門学校生の女性で、バンド好きということが分かった。

彼女がやなせさんではないことは、「ユーザーＩＤ」が異なることから分かる。少しややこしいが、アカウント名やスクリーンネームを設定してＴｗｉｔｔｅｒのアカウントを取得すると、バックグラウンドで変更不可の番号であるユーザーＩＤも付与される仕組みになっている。普段は表に出てこないが、パソコンでＴｗｉｔｔｅｒページにアクセスしてソースコードを開くと、そのなかに「id_str」という文字列があり、そこに続く数列を確認できる。

やなせさんのその後は追えなかったが、みづきさんにはダイレクトメッセージを使って取材に協力してもらえた。

「定期的にこのスクリーンネーム（ｓｓｂ８４ｔ）が使えるかやっていました。そしたら使えたので使いました」

みづきさんは、なかいきあかちゃんさんのＩｎｓｔａｇｒａｍ「甘えぼｄこ@ｓｓｂ８４ｔ」を彼女の生前からフォローしていたという。面識はないが、シンパシーを感じていたとのこと。

しかし、自殺中継の直後にＴｗｉｔｔｅｒとＩｎｓｔａｇｒａｍの両アカウントが消滅。前者のスクリーンネームが「復活」できることは知っていたので、その頃から「ｓｓｂ８４ｔ」の取得を狙っていた。結果として、やなせさんの手に渡ってしまったが、その後も手放される機会を待っていた。そして、２年近く経てようやく我が物となった。そこまでした理由をこう語る。

「彼女のことを皆も自分もだんだん忘れていっているような気がして。このスクリーンネームを使っていれば、まず自分は彼女のことを忘れることはないので使用しています」

スクリーンネームは形見のようなものだという。ただし、多くの人が不快に思ったり、なかいきあかちゃんさんの直接の関係者から相談を受けたりした場合は、理由次第で停止したり譲ったりすることも考えていると、率直に語ってくれた。

いずれにしても、みづきさんにとって、なかいきあかちゃんさんが残した痕跡はかけがえのないものなのだろう。たとえそれが傍からはただの文字列に見えるものであっても。

やりとりの最後に、みづきさんは問わず語りに一文を添えてくれた。

「なぜ彼女のアカウントが消されてしまったのか、消さなければいけなかったのか、疑問です」

本来なら、なかいきあかちゃんさん、あるいは甘えぼdこさんのオリジナルが残っているべきだ。そんな思いが滲む。

そのみづきさんも2021年末までに「ssb84t」を手放しており、調査した2023年時点では「せつこ」さんがこのスクリーンネームを使っていた。みづきさんがせつこさんに譲ったのかもしれないし、手放した後に偶然せつこさんが取得しただけなのかもしれない。

だが、最初の取材に応じてくれた以降はみづきさんと連絡が取れず、せつこさんはダイレクトメッセージを解放していないため、真相は分からない。

人気があったユーザーのスクリーンネームは、アフィリエイト（成功報酬型の広告）で有利な条件が引き出せる場合があるため、取引の対象とされることもある。ただ、「ｓｓｂ８４ｔ」がその対象になっているのかは分からない。いずれにしろ、「ｓｓｂ８４ｔ」が複数人の手に渡り、放置されずにいるのは事実だ。

また、「ｓｓｂ８４ｔ」以外にも、２０２０年６月には「なかいきあかちゃん　追悼@tuitou_180701」というＴｗｉｔｔｅｒアカウントが別の人物によって作られたほか、Ｉｎｓｔａｇｒａｍにも２０１９年９月に「甘えぼｄ子@ssb84t_x_x」というトレースアカウントが生まれたりもしている。

倫理観や追悼観は人それぞれ違うし、勝手連的《かってれん》にメモリアルな場を設けることには賛否両論が生まれそうだ。ただ、その是非はおいて、そうした場がいくつも生まれる理由を考えることも大切だと思う。

なかいきあかちゃんさんが残していったものに一定の価値を認める人が少なからずいて、おそらくは自殺中継という人生の終わらせ方によって、その人数はかなり増幅した。換言すれば、なかいきあかちゃんさんが潜在的に備えていた「魔力」が自殺中継という手法の

「魔力」と掛け合わさって増幅された。つまりは、インターネットのコミュニケーションを通して強大な「魔力」を持つカリスマが誕生してしまった。

そう捉えるのは、大袈裟《おおげさ》だろうか。

というよりも、t××××0000さんの投稿を消したT・Kさんが恐れていたのは、まさしくこの「魔力」の増幅だったのではないか。「娘のTwitterには今もいいねがついています。」という現状報告の裏には「魔力」の継続、あるいは増幅への恐れがあったのかもしれない。

この力を持つカリスマが忘れ去られずにいると、何をもたらすのか。

容易に想像できるのは、自殺の連鎖。後追い自殺の発生だ。

## 連鎖自殺に潜む「魔力」

自殺の連鎖は、近親者の間で発生しやすいことが知られている。リストのなかにも夫が自殺した1週間後に妻も自殺した事例があった。夫婦の距離は人間関係のなかでも最も近い部類になりうるが、兄弟姉妹や友達、職場の同僚、ご近所さん……と離れていくと「魔力」の影響はどう変化するのだろうか。どこまでの距離感が危険な影響を受けるのだろうか。

そう考えて自殺に関する調査レポートを探すと、「日本財団いのち支える自殺対策プロジェクト」が２０１７年に発表した『日本財団自殺意識調査２０１６』の報告書を見つけた。全国の20歳以上の男女を対象にしたインターネット調査で、２０１６年8月に実施して4万人超の有効回答を得たという。

この調査によると、家族や親族、友人、恋人などの身近な人を亡くした人の33・9％が自殺念慮を抱いている。これは全回答者平均の25・4％よりも1割近く高い値だ。さらに、恋人を自殺で亡くした場合は自殺念慮が59・4％まで跳ね上がっている。

レポートの導入には、「自殺で身近な人を亡くした遺族は自殺のリスクが高いということが言われている」と書かれていて、根拠としてＷＨＯが２０１４年に発行した自殺予防マニュアル『Preventing suicide:A global imperative（自殺を予防する：世界の優先課題）』のＵＲＬが添えられていた。そちらの日本語版にも、「自殺後の家族や友人へのアウトリーチは、（略）抑うつ、不安や絶望等の喫緊の情緒的ストレスの減少につながる」と、自殺によって遺された「家族や友人」が支援すべき対象として明記されている。

また、2017年に韓国のキム・ヨンボム、パク・ジュンシク両教授が発表した「春《チュン》川《チョン》地域高齢者の貧困と自殺行動の可能性」という論文では、うつ傾向や社会的孤立に並んで、友人や家族の自殺が自殺念慮や自殺企図につながる有意な要因になると結論していた。この論文は『冬のソナタ』の舞台として知られる同国北方にある春川市で、65歳以上の男女2000人を対象に実施した調査が元となっている。

やはり身近で起きる自殺は、人に何かしらの影響を与えるらしい。問題はどこまでが身近といえるかだ。

そんなことを考えていたある朝に届いた日経新聞の一面(2023年4月1日)に、政府が2022年に実施した孤独・孤立の実態調査の結果がまとめられていた。全国の16歳以上の男女2万人を対象にした調査で、記事によると孤独感が「常に/時々/たまにある」と答えた人が41%に達したという。同調査を初めて実施した21年は約36%だったので、わずか1年で5ポイントも増えたことになる。

孤独の傾向が強まるということは、コミュニケーションを取る機会や人数が減るということでもある。人間関係が希薄になっているところにインターネット上でカリスマ性のある「死にたい」人に出会って深く同調したら、家族の自殺に近い影響を受けたりはしないだろうか？

距離の詰め方が一方通行であるにしろ、カリスマの自殺がファンの自殺を誘発することは広く知られている。コロナ禍中の自殺統計で特定の著名人の自殺直後に異常が見られたことは先に触れた。自殺した人のサイトもカリスマの「魔力」を生み出す可能性を有しているなら、確かに警戒が必要かもしれない。

この観点で突き詰めていくと、「死にたい」の声はかなり上流の時点で公序良俗に反する存在だといえやしないだろうか。最上流に生きづらさからくる深刻な苦痛があったとしても、それをインターネットに公開した時点で害悪になりうるとしたら。電車やバスなどで腹痛を訴えたとき、周囲にも腹痛が伝播《でんぱ》するとしたら……。

とりあえず立ち止まって考えたい。

ちょうど普段の連載仕事の締め切りが迫ってきたタイミングだったので、気持ちを落ち着かせるのには都合が良かった。故人の電話番号を遺族が解約したとき、故人のＬＩＮＥアカウントまで連動して消失してしまうことがある。その構造を紐解いて対策を練るという趣旨の記事を書いているところだった。締め切りは本日。それを24時までとするか、編集部が平常の業務としている夕方までとするかは、書く側と待つ側で意見が分かれるだろう。書く側の自分はついつい前者で考えてしまうけれど、今日は後者でいくことにして、強引に思索をストップした。

この記事に限らず、私の仕事はデジタル遺品絡みの連載が多い。自分でもかなり狭いテーマの情報を追っていると思う。亡くなった人のブログやＳＮＳの生前と死後を追いかける連載もあり、こちらも似たり寄ったりのテーマだと人に言われたりもする。

そうした感想はよく分かるが、自分のなかでは別物だ。デジタル遺品の対策は正しい手続きの方法を探ることに重きを置いているし、読者に求められてもいる。一方の故人のサイトの追跡調査は、インターネットという新たな媒体に残された人間の本心に触れることが目的だ。実用と人文。あるいは社会と人間。集団と個人という対照的なテーマだと思っている。それぞれの兼ね合いに頭を悩ませたことはこれまでなかった。

ところが、今の私は「死にたい」と漏らすサイトがもたらす社会的な影響と、その人がサイトに残した一個人の人生の価値を天秤にかけているような心境になっている。社会の秩序を保つためには、自ら命を絶った人間の記録は目につかないようにすべきなのか。個人の表現の自由は、社会的な影響をどこまで考えて守るべきなのか。左右の皿は考えるたびにゆっくりとした上下運動を繰り返す。自分が持っている材料だけでは振り切ることも止めることもできそうにない。

どうにも煮え切らない苦しい心境ではあるけれど、自分で判断しようがない状態はむしろ専門家に取材する好機でもある。自分なりに思索を重ねたうえで答えが出せない問題を尋ねるからこそ、専門家の知見や考察の鋭さが分かるのだ。

## 末木新教授へのインタビュー

インタビューしたい専門家は、このテーマに取り組み始めた頃から頭にあった。和光大学現代人間学部で教授を務める末木新博士。先だって触れたTwitterの自殺念慮についての論文を書いた人で、自殺とインターネットの関係を第一線で研究している。

末木教授は、このテーマに学生時代から20年近く取り組んでいる。博士論文では、自殺願望を抱く人たちが思いを吐露する掲示板サイトの利用者や管理人など約30人にインタビューし、サイトを通して心が落ち着いたり救われたりしたエピソードをまとめた。論文は評判となり、後に東京大学出版会から『インターネットは自殺を防げるか』（２０１３年）というタイトルで刊行している。

人の精神活動においてネガティブにみられがちなインターネットのコミュニティーに、早期から自殺抑止というポジティブな側面を見いだそうとした。

しかし、そのスタンスは後年大きく変化している。２０１９年1月にナカニシヤ出版から刊行した『自殺対策の新しい形』ではこう断じている。

〈死にたくなってしまった者同士が匿名で相談を行うコミュニティーが自殺を予防するという仮説は幻想であったと言える〉

何があったのか。

教授は自殺掲示板サイトの利用者インタビューの論文発表後の２０１１年1月、マクロ視点で効果を調べるために、インターネットコミュニティーが自殺願望にどんな影響を与えるのかを探る大規模なスクリーニング調査を改めて実施した。

調査会社の協力を得て20〜40代のモニター74万人に予備アンケートを実施し、10万人を選定。そこから、自殺願望や心の問題をインターネットで相談したと回答した約4000人とそう答えなかった約4000人を抽出し、本調査に協力してもらうというものだ。本調査は6週間隔《へだ》てて2回実施した。どちらの回でも「あなたは自殺の準備をしていますか」「気分が沈み込んで何が起こっても気が晴れないように感じましたか」などの事項を尋ね、心境の変化が測れるようにしている。

この調査の結果、インターネットで自殺念慮を吐露したり自殺方法を閲覧したりする行為はむしろ自殺念慮を高める影響があると分かった。掲示板サイトでメンタルヘルスについて相談する行為も、自殺念慮こそ高めなかったものの、抑うつ傾向や不安傾向を高める作用が見えてきた。

個別の事例では救われたということも確かにある。だが、俯瞰してみると、そうしたケースはレアであり、巨視《きょし》的にはあまり良い影響をもたらさない。調査結果は突き放したようにそう伝えてくる。

教授はこの結果をしばらく受け入れられず、追跡期間を3ヶ月に延ばして調べ直したり、同様の調査を別の調査会社に依頼したりしたという。しかし、いずれも同様の結果が導き出された。そうして先の「幻想であった」という断言に至った。この結論を受け入れた研究者に、ぜひ「死にたい」人が残したサイトの功罪について尋ねてみたい。

「どうもご無沙汰しております」

インタビューを打診すると、末木教授はすぐに応じてくれた。2023年4月上旬、ビデオチャット越しに久しぶりに相対する。初対面は2010年まで遡る。教授がまだ東京大学大学院で博士課程に在籍していた頃で、当時は自殺研究サイトの管理人としてインタビューに協力してもらった。私もまだ故人のサイトを本格的に追跡する前のことで、ユニークな個人サイトを運営する人に話を聞くウェブ連載の一環でアプローチしたのが始まりだった。肩肘《かたひじ》張らず、自然体で接してくれる姿はそのときから変わっていない。

まずは、近年のインターネットコミュニティーの変化について尋ねた。件《くだん》の調査から10年以上が経過している。自殺に関するやりとりの場や空気感に変化が生じていてもおかしくないからだ。

「今はＳＮＳで自殺願望を持つ人同士が深くつながるとダイレクトメッセージでのやりとりに移行するような、そういう流れができている気がします。掲示板などのオープンな場でやりとりのすべてを晒すようなことはしなくなったと思います。ＬＩＮＥが普及したのも関係しているでしょうね」

かつても集団自殺の場所を共有したり、致死性の薬品を受け渡したりする段階では個別のメールでやりとりするのが普通だったが、そこに至る直前までの交流が掲示板やコメント欄に残されることは多々あった。それが近年は、自殺願望を持つ人同士のつながりが濃くなっていく過程も表に残らなくなってきたと感じているという。

それを聞いて思い出されるのが、２０１９年11月に発生したＡＬＳ患者の嘱託《しょくたく》殺人事件だ。ＡＬＳ患者のＢさんが〝安楽死〟する方法を求めて1年半前に開設したＴｗｉｔｔｅｒアカウントを通して〝協力者〟と出会い、死に至った。

Ｂさんは、当初から命を終わらせたいという思いを隠さず、スイスやオランダで実施されている自殺幇助《ほうじょ》を受ける方法や国内で望む死を得る方法を模索していた。そこに協力を申し出たのが「羆」というアカウントを持つ医師だった。2019年の年明け、Bさんが「理想は在宅だけれど、無理ならリゾートとかいいですね。作業は簡単だろうからカリスマ医者じゃなくてもいいです。」という自殺幇助を求めた投稿を引用するかたちで返信している。

〈たしかに作業はシンプルです。訴追されないならお手伝いしたいのですが。〉

これにBさんはすぐさま返事を送る。

〈「お手伝いしたいのですが」という言葉が嬉しくて泣けてきました。おかしいですよね？自分でも変だと思います。だけどよく言われる「自分だったら同じように思う。」と明らかに違う感じです。〉

表に残されているのはここまでで、その後のダイレクトメッセージでのやりとりは公判とその報道から明らかにされた。

Bさんが初めて返信をしてから10ヶ月後、この医師はBさんを自身の病院に入院させるという名目でBさん宅を訪れた。そこで致死性の薬物を投入して死に至らしめたという。仲間とともに嘱託殺人の疑いで逮捕されたのは、それから8ヶ月後のことだった。

もしこの事件が明るみに出なかったら、ダイレクトメッセージのやりとりを部外者が調べることはできなかったはずだ。生命に直接介入するやりとりは他者に通報されるリスクが高いし、2010年代と比べると確かにオープンにしづらい環境になっている。

インターネットと自殺に関する世界的な研究の潮流も昔と今では大きく違うそうだ。掲示板などのオンラインのオープンな場での自殺誘発を防ぐ研究は、2000年頃から存在するが、すでに退潮している。近年は、SNSなどでの発信傾向から利用者個人の自殺リスクを予測するような論文が盛んになっているという。観察対象のトレンドがコミュニケーションから個人に移ったわけだ。

潮目が変わったのは、2010年。米国の科学者であるマイケル・J・マッカーシー博士の論文がきっかけといわれる。「suicide」(自殺)や「depression」(うつ病)などの単語がGoogle検索に多くかけられた時期や地域と、実際に自殺や自傷行為が行われた時期や地域に相関性があることを突き止めたのだ。末木教授はこう解説する。

「自殺した原因や動機を明らかにしていく調査は心理学的剖検《ぼうけん》と呼ばれ、戦後から行われています。当時の対象は遺書でしたが、この論文を境に『同じような調査がブログやSNSでもできるんじゃないか』ということで、インターネットを調査の舞台にした論文が次々に発表されるようになりました」

2012年には、自殺した人が24時間以内に残したTwitterの投稿を分析する論文が発表されたりもしているし、末木教授が発表したTwitterにおける「死にたい」と自殺リスクの相関を調べた論文もこの潮流のなかで生まれた。

このブームの下地を辿ると、ドイツ出身の医学博士G・アイゼンバッハ氏によって2002年に提唱された「Infodemiology」(情報疫学《えきがく》)という概念に行き着く。

博士は、インターネットが普及していくなかで研究を進め、インフルエンザの症状に関するGoogle検索の盛衰を地域ごとに調べて、実際のインフルエンザの流行地域と相関していることを発見。そこからインターネットの動きを解析することで感染症の流行を防ぐ疫学を見いだした。この情報疫学のアプローチが自殺防止にも効果があると期待されて、研究者の眼差しが一斉に向けられたのが2010年代という時代だったわけだ。

## 「魔力」の裏付けは?

この分野の研究が熱を帯びるなかで、末木教授も歩《ほ》を進める。仮説が崩れた後の道を示したのは、まさにこの情報疫学の観点だった。

直接のきっかけは、「インターネット・ゲートキーパー」という活動をしている伊藤次《いとうじ》郎《ろう》さんとの出会いだった。インターネット・ゲートキーパーは、「死にたい」「自殺したい」といった言葉が検索にかけられると、その結果のページに信頼できる相談窓口につながる広告を載せるというもの。自殺に関するワードで検索をかけるような自殺リスクが高まっている人の前にだけ現れて、信頼できる相談先への橋渡しをする。自殺のシグナルに反応して助けになり得る情報を提示する。まさしく情報疫学を応用した取り組みといえた。

伊藤さんは、この取り組みに意味があるのかを確かめるために、『インターネットは自殺を防げるか?』を著した教授を訪ねてきたそうだ。二人は意気投合し、インターネット・ゲートキーパーを推進していくことになる。検索連動型広告から既存の相談機関につなげるだけではなく、メール相談を受け付ける専用の組織を作ることにした。それが、伊藤さんが代表を務めるＮＰＯ法人ＯＶＡだ。教授も設立時から深く携わっている。

そこで本旨《ほんし》を尋ねる。自殺した人のサイトは、後世にどんな影響を与えうるのか。

途端に教授は顔を曇《くも》らせた。

「うーん、そこを明らかにするのはかなり難しいですね。影響は何かしらあるのかもしれない。けれど、それを測ろうにも受け取り側によっても違ってくるでしょうし、簡単には紐付けできない。悪影響に至ったケースとそうではなかったケースを一定数集めて比較するということも、非常にハードルが高いと思います」

個々の自殺には、様々な要因が絡む。そのなかで有意なリスクファクターとしての定説となるには、教授が実施したような大規模調査を様々な角度から行い、その論文が多くの専門家に査読されて、学会で論議され、広く合意形成がなされなければならない。

インターネットに「死にたい」とこぼす人は増えている。けれど、その多くは匿名であり、現実での始末を追いかけることは困難だ。見えている範囲に絞ると、深い関わり合いや自殺念慮が十分には見えてこない。定説にいたる第一歩の調査の糸口さえ見つけにくいのが現状だ。

さらに、友人の自殺が及ぼす影響については、家族の自殺ほどのコンセンサスが得られていないということも教えてもらった。

「家族の自殺歴は、生活環境と遺伝的な意味合いの両方が含まれることもあり、専門家の間で自殺リスクとして合意形成ができていると言っていいと思います。ただ、友人や知人となるとそこまでに至っていません。それはリスクがないということではなくて、検証するための調査が非常に難しく、確かめられていないというのが実情だと思います」

日本財団の2016年調査や韓国の春川地域の高齢者調査などはあるが、他の地域や年齢層でも調査を重ねないと事実と見なすわけにはいかない。しかし、自殺に関する調査で協力者を募るのはやはり難しく、倫理的にも慎重に慎重を重ねる必要があり、簡単には進められない問題が常に横たわるという。

最後に個人情報を伏せながらt××××0000さんの件を話すと、一緒に頭を悩ませてくれた。

「具体的な自殺の方法がつぶやかれていて拡散しているなら、確かにそういう判断になるのかなと思いますが、心情の吐露に自殺を示唆するものがある範囲なら、果たして消していいのか。……いや、本当に難しい問題ですね」

つまるところ、どうやらアカデミックの世界にも、カリスマが残した「魔力」についての答えはまだ存在しないようだ。

であるならば、安易に公序良俗に反すると断定することも避けたほうがよいだろう。教授が「死にたくなってしまった者同士が匿名で相談を行うコミュニティーが自殺を予防するという仮説は幻想であったと言える」と断じた例の研究結果も、自殺リスクの増加は軽微だった。どちらかといえばメンタルヘルスに悪影響を及ぼす可能性があるという程度のスコアであり、劇物のように警戒するほどの結果ではなかった。そして、個々のケースでは「救われた」と語る事例が少なからずあった事実も揺らいではいない。

ビデオチャットを閉じてインタビュー動画のアーカイブが生成されるのを待つ間、少し気持ちが軽くなっていたのを感じた。生きづらさを吐露する最上流まで危険対象と断じたくはなかったので、教授から追認の論証を示されなくて良かった。何も解決はしていないかもしれないけれど、そうほっとしてしまった。まだ合意形成されていないだけなのに。

数日後、中央公論新社のウェブサイトに末木教授のインターネットと自殺に関する寄稿《きこう》文がアップされていた。思わず膝を打った。おそらくはインタビュー前に書かれた記事だが、そこには私が抱えている問題の活路が示されていた。

〈ネットは「死にたい」思いを可視化する。可視化された「死にたい」が人々を結びつけることによって、ネット心中や嘱託殺人などが生じてしまっている。一方で、その可視化された「死にたい」はデータとして活用され、これまでにない新しい、より合目的《ごうもくてき》的《てき》な自殺予防活動が展開される素地にもなっている。

つまり、コミュニケーションのための道具であるネットは、使い方次第で毒にも薬にもなり得るパルマコン（ファルマコン、Ｐｈａｒｍａｋｏｎ）である。〉（２０２３年４月10日／「ネットが拓く新たな自殺対策――ＳＮＳに溢れる『死にたい』の行き場」）

教授の結びの文のとおり、インターネットは「死にたい」を顕在化させる力がある。それは間違いない。そして顕在化させる舞台は、人々にとってファルマコン、つまり毒にも薬にもなりうる。毒になるといえば不安を感じたりもするが、薬になる扱い方を知れば、見方は自ずと変わってくるはずだ。

未熟な梅の実には中毒症状を起こす物質が含まれるが、梅干しや梅酒にすればほぼ無毒化できること、そして栄養豊富な保存食として飲食できることを多くの人は知っている。だから青梅がなっていても、毒物が実っているというふうに警戒する人はいない。同じように、インターネット上の「死にたい」の負の面以外にも目を向けてみないと冷静な判断はできないだろう。

2022年末までの自分には、「死にたい」と書かれたブログやSNSは得体の知れない毒の果実と映っていたのかもしれない。毒を含んでいる雰囲気に惹かれつつも、その本質に近づいて判断するところまでの意識は持っていなかった。「死にたい」サイトを143件読みこんで分類していく過程でようやくその曖昧な意識を自覚できた感じだ。「死にたい」と書かれているからといって、すべてが公序良俗に反するわけではない。そこはもう確信が持てる。けれど、もう一歩。肯定的な側面もあるなら確かめたい。

# 第四章
# 「死にたい」の作用

## パパゲーノ効果ではない何か

情報が自殺念慮を抑える例としては、「パパゲーノ効果」がよく知られている。自殺を考えるほど辛い問題を抱えた人がそれでも自殺を踏み留まったとするエピソードは、目にした人や耳にした人に対して自殺抑止効果を持つという説だ。2010年にオーストリアの研究者であるトーマス・ニーダークロテンターラーらがまとめた研究論文から名付けられた。

パパゲーノは、モーツァルトが生涯最後に仕上げたオペラ『魔笛《まてき》』に登場する人物の名前だ。主人公と行動を共にする鳥狩りの青年で、物語が佳境に入る頃、恋人を失ったことに絶望して首を吊ろうとする。そこでお供である3人の童子に助言されて魔法の鈴を鳴らしたところ、いなくなったはずの恋人が姿を現したことで歓喜とともに自殺を思い留まる。このエピソードが効果の象徴とされた。

このパパゲーノ効果は自殺抑止を考えるうえで重要だ。しかし、調べたいのは自殺を踏み留まったケースではなく、自殺を遂行したケースにおけるポジティブな効果の有無だ。

自殺を遂行した可能性をはらむ人物のサイトには悪影響しかないのだろうか。自殺した可能性、あるいは事実がネガティブな影響しか与えないのなら、t××××000さんのようなサイトは、やはり公序良俗に反するという誹《そし》りを免《まぬが》れない。

自殺した人が残した「死にたい」が前向きな作用をもたらした可能性のある事例について考えたとき、かつて何かの機会に読んだ古い本の記憶が浮かんでいた。『追想　芥川《あくたがわ》龍之介《りゅうのすけ》』という本だ。新聞記者出身の編集者である中野妙子《なかのたえこ》さんが、芥川龍之介の生涯の伴侶である芥川文《ふみ》さん宅に1963年から文さんが亡くなるまで6年間通い詰め、往事のことを聞き込んで作りあげた。

よく利用する古書店が、1981年に発行された中公文庫版を在庫していたのですぐ入手した。原著が筑摩書房から刊行されたのは1975年なので、そこまでの隔《へだ》たりはない。原著の時点で、1927年に芥川龍之介が自宅の書斎で自殺してから48年。半世紀の記憶を遡って紡《つむ》がれたわけだ。そこには晩年の芥川龍之介が深刻な自殺願望を抱いていたこと、その思いを受け止めながらも生きる道に向かわせようとした文さんたち周囲の人々の感情が生々しく綴られている。

文豪の晩年の懊悩を追体験できる作品であるが、とりわけ注目したいのは最終盤。芥川龍之介の最期の夜から続く文さんの述懐だ。

〈七月二十四日の明け方二時頃、主人は書斎から降りて来て、寝室の蚊帳の中へ入って来ました。私は、

「あなた、お薬は？」

と聞きますと、

「そうか」

と主人は答えて蚊帳を出て、普段と同じように、睡眠薬をのんで、また蚊帳の中へ入って来ました。

私はいつものようにまた眠ってしまいました。後で考えると、主人は書斎から降りて来る時には、もう薬をのんで来たのかも知れません。

主人は薬をのみ忘れることなどありませんから……。

私に、「薬は？」ときかれたので、普段を装って、また薬をのんだことになります。

私はその時のことがいつまでも心に残っております。

主人が亡くなりました時、私はとうとうその時が来たのだと、自分に言いきかせました。

私は、主人の安らぎさえある顔（私には本当にそう思えました）をみて、

「お父さん、よかったですね」

という言葉が出て来ました。

私の言葉を聞かれた方は、冷たい女だと思われたことでしょうが、私は、主人の生きてゆく苦しみが、こんな形でしか解決出来ないところまで来ていたのかも知れないと、思ったからです。

死に近い日々は、責苦の連続のようでした。今はどんなにかその苦痛が去り、安らかな思いであろうかと思いました。〉

この独白は、伴侶の自殺を事故的な痛苦《つうく》と受け止める感じがない。自らの発言が睡眠薬の過剰摂取の口実とされてしまったことは、いつまでも心に咎《とが》として残っている。けれど、芥川龍之介が自殺を遂げた事実に対しては、「お父さん、よかったですね」の言葉にすべてが込められているように思える。

芥川龍之介の自殺の理由としては、本人が記した「唯《ただ》ぼんやりとした不安」が有名だが、死の2年ほど前から、体調不良や睡眠不足、女性問題などが複雑に絡み合って希死念慮を深めていったようだ。たびたび自殺未遂を起こしており、近しい友人に自殺の計画を伝えていたこと、情死を止められて文さんに厳しく咎められたことなどが複数の文献に残されている。

文さんはそれまでも夫の自殺願望を鎮《しず》めようと苦心していた。そうした経緯があったうえでのこの結果であり、この深い諦観なのだと思う。書籍を通読して文さんがその後の人生を伴侶の希死念慮に搦《から》め捕られた感じはしない。事実として、文さんは心筋梗塞《こうそく》により68歳で亡くなるまで自分の人生を全《まっと》うしている。

残された作品や周囲の人の証言から勘案すると、芥川龍之介のケースは、類型④の「長い希死念慮が帰結したケース」に近いように思える。長らく「死にたい」思いがあり、ついにそれを実行した。しかし、長年共に暮らしていた伴侶は、ずっと傍でその煩悶を受け取り、深く情動に触れていたからこそ、彼我《ひが》の違いが深く刻まれて希死念慮に巻き込まれなかったのではないか。

先に何度か書いたとおり、類型④の事例を追いかけているときは、膨大な文字数があるにもかかわらず気が滅入る感じはあまりなかった。自分と近い属性や価値観を持っている人の場合でもしかりだ。あまりに高解像な心情は個人の色が強すぎて、他者を引きずり込む力が逆に弱まるのかもしれない。少なくとも他の類型よりも人を選ぶといえそうだ。高解像ゆえに距離感が生じるこの感じは、ウェルテル効果やパパゲーノ効果と対応させるなら、「芥川龍之介効果」とでも呼べようか。

自殺に関する書籍を読み漁《あさ》っているとき、歴史学者のジェニファー・マイケル・ヘクトが著した『自殺の思想史』（みすず書房、2022年）のなかでフィンランドのある論文に言及しているのを見つけた。

1990年代後半、同国北部にある3つの中学校で発生した群発自殺に関する論文だ。いずれの学校でも最初の自殺と類似した方法での後追い自殺がなされたというが、「徹底的な話し合いと心理的デブリーフィング」を行った学校では新たな自殺は起きなくなったという。

心理的デブリーフィングとは、ＰＴＳＤ（心的外傷後ストレス障害）を防ぐために事件発生から36時間以内に恐怖体験を集中的に聞き出すカウンセリング法を指す。近しい人の自殺というショッキングな情報に蓋をするよりも先に、徹底的に情報を分析して理性で理解し、受け止め方や向き合い方を見いだすことを優先する。すると、自殺願望や自殺衝動などの伝染が抑えられる可能性があるというわけだ。感覚的にも納得できる。

夫を失った後の文さんの人生が夫の死因に引っ張られていないように見えるのも、似た作用が働いている可能性がありはしないだろうか。であるならば、「死にたい」人の思考のプロセスを時系列で高解像に残すサイト群も、遺された人たちにこの「芥川龍之介効果」のようなポジティブな作用をもたらしはしないのだろうか？

## 遺族から見た「魔法の笛と銀のすず」

遺族の声が聴きたい。そう考えたとき、しのぶさんが残した「魔法の笛と銀のすず」が第一に頭に浮かんだ。

類型④「長い希死念慮が帰結したケース」の典型として採り上げたこのサイトは、しのぶさんがこよなく愛したモーツァルトの最後のオペラ『魔笛』からタイトルが付けられている。物語のなかで魔法の笛は主人公のタミーノが持ち、銀のすずは従者のパパゲーノが持っていた。奇しくもパパゲーノ効果とつながりを感じるサイト名だが、もちろん直接の関連はない。しのぶさんが亡くなったのは、パパゲーノ効果の名称が世に登場した2010年よりずっと前、2004年2月のことだ。

それから20年近く経ってもなお、サイトはインターネットに存在している。しかし、偶然そうなったわけではない。

実はしのぶさんが日々更新していた当時のサイトはすでに消失している。しのぶさんの没後《ぼつご》、オリジナルの消失前に無料のホームページサービス「Yahoo!ジオシティーズ」に移設されたが、同サービスも2019年3月をもって提供を終了。そのとき、約400万件あった同ドメイン（www.geocities.jp）下の他のサイトと共に一瞬でインターネットから姿を消している。

その後にアクセスできるサイトは直前の2月に移設したミラーだ。移設作業を行ったのは、しのぶさんの妹であるYさんだ。連絡先のメールアドレスはYさんのものに置き換えているが、日記や写真などはそのままの状態を維持している。

加えて、しのぶさんが亡くなった1年後には日記の抜粋をまとめた書籍を刊行している。タイトルはサイト名と同じ『魔法の笛と銀のすず』だ。「あとがき」の冒頭にはこうある。

〈私たち家族は兄が亡くなるまでWeb日記の存在を知らず、編集作業に際して初めて全文を読みました。〉

Yさんたち家族は、しのぶさんの没後に「魔法の笛と銀のすず」の存在を知り、日記を読み、書籍として形を残した。その後もYさんはサイトの管理を続け、必要に応じてサイトの引っ越しという大仕事を2度もこなした。そこにしのぶさんの死に至るまでの思考が詳細に残されていることはもちろん承知していたはずだ。

このサイトの存在が、Yさんにどんな作用をもたらしているのか知りたい。

現行のホームページの「ご案内」にあるメールアドレスにその思いを伝えると、1週間後に返信が届いた。

「お返事が遅くなり申し訳ありませんでした。

PDFで回答を添付しました。よろしくお願いいたします。

読み返してみたらご質問への回答ではなく、私個人の気持ちを吐露しているだけのような気がしてきましたが他に今は思いつくことがなかったので少し趣旨と合わないかもしれませんがそのまま送ります」

心境の細部をなおざりにしない粒の立った文章は、どこかしのぶさんを彷彿《ほうふつ》とさせる。その丁寧さは、添付されているPDFファイルにも現れていた。私が送ったふたつの質問に対して、2000文字を超える詳細な回答を添えてくれている。

最初の質問は、Yさんがサイトを知った経緯を尋ねるものだった。

「きっかけは、兄が親しくしていたお友達ふたりが何度目かのお悔やみで自宅に訪問してくださった折りに、ホームページの一部をコピーして持ってきてくれたことでした。『ホームページのアドレスをご家族に教えることはためらわれるので』とA4のコピー用紙1枚にブログから引用したことばが数行、いくつか記載されていました」

抜粋した数行に何が書かれていたのかは、回答には記されていない。ただ、それらの言葉がYさんを突き動かしたことは確かだ。兄が残したホームページを知りたい。Yさんは、A4用紙の言葉のなかから固有と思われる語句を検索エンジンにかけて、抽出された個人サイトをしらみつぶしにチェックしていった。

実はYさんは、しのぶさんの生前からホームページを運営していることを知っていた。だが、心に蓋をしていたという。

「ホームページを開設した当時だと思うのですが、兄が私に電話してきたことがあり、話のなかで自分のブログについて何か言っていたのを思い出しました。兄は熱心にいろいろ話したのちに、『やっぱり聞かなかったことにしてほしい、検索もしないでほしい』と言ったので少し不思議に思いましたが、私は言われた通り追求しませんでした」

言いたいけれど、知られたくはないことは誰にだってある。当時はそう考えて飲み込んだが、しのぶさんが命を絶った今、ホームページの日記は、亡くなる直前の兄の胸の内を知る重要な手がかりになるかもしれない。学生の頃からつけていたという日記ノートは、兄の部屋を片付けても見つからなかった。だからなおのこと、ホームページのことが気になった。

しかし、語句を検索エンジンにかける方法は、いくら続けても手応えがなかった。そこで兄が関心を寄せそうなクラシック音楽やゲームタイトルを取り上げるホームページにアクセスし、そこのリンク集にあるサイトをしらみつぶしにチェックしていく方法に切り替えた。

リンク集とは友人や同好の士、よく訪れるサイトなどのリンクをまとめたページのこと。SNSの友人リストのように交流していけば勝手に構築されていく仕組みなどがなかった時代は、交遊録もハンドメイドしなければならなかった。だからこそ、色濃い関係性がそこに刻まれる。

この方法が功を奏《そう》し、1週間かかってついに「魔法の笛と銀のすず」に辿り着いた。

**「ああ、決断しちゃったんだね」**

書いてある心情や固有名詞に、Yさんが知る兄と矛盾する内容は見当たらなかった。しのぶさんは兄であり、このサイトは兄のもので間違いない。そう確信を得たYさんは、兄の代わりにホームページを管理することを心に決める。サイトの更新には管理者が設定したパスワードが必要だったが、兄が使いそうなパスワードを2、3回試したらすんなり突破できた。

「私が知っている10代の頃の兄と変わっていないのだと思いました」という。

そのとき、ホームページのコピーを見せてくれたしのぶさんの友人の顔がちらついた。本人の許可なく家族がホームページを探り、管理者の権限を手にするようになった。自分は墓荒らしをしているのではないか……?

是非を判断できないまま行動を続けた。

「母が少しでも何かを知りたいだろうと思い、そのためだけにホームページの内容を日々少しずつ知らせていました。亡くなった人より生きている人の心の支えを最優先にしようと決め、その後はそれを基準に行動することにしました」

Yさんの母は、息子が死を選んだ理由を少しでも摑むために、しのぶさんが直前まで勤めていた自動車工場を訪ねたこともある。母の知りたい何かがこのホームページには残されているかもしれない。ならば見ない振り、知らない振りはもうできなかった。

私が用意したふたつ目の質問は、「魔法の笛と銀のすず」がしのぶさんの死と向き合ううえで、どのような存在になっているかを問う内容だったが、ひとつ目の回答のなかですでに求めるところに触れてくれている。

自ら死を選んだ理由を知りたい。そのかけがえのない情報源として、ホームページは遺族に「発見」されたのだ。

「私にとって、言葉というのは常に誤解されるものでした」や「私が喋る言葉はいつも誤解されて、大抵は誤解を解く機会すら与えられないものでした」と綴るしのぶさんが、自ら死に至る心境を周りに伝えずにいたことは想像に難くない。生前交わした双方向の言葉のやりとりから答えになるものが見つからないのなら、日々の独白が詰まったこのホームページに目を向けることはごく自然なことだと思う。

「『知りたい』を叶えるためにホームページは大変役立ちましたし、事情を知った日本中の方々がお悔やみのメールをくださったり、自宅に訪問してくださったりしたことも助けになりました」

そのホームページの分身として書籍化する計画を伝えると、ホームページを通してしのぶさんと交流していた多くの人が協力してくれた。刊行当時、日記で紹介されているアニメやクラシック音楽、ゲームなどの作品リストをまとめたＣＤ－Ｒを手売り用の付録に付けたが、これはしのぶさんの友人たちに依《よ》るところが大きい。それぞれの得意分野で分担し、数日のうちにＥｘｃｅｌにまとめてくれたという。そのマメさやしのぶさんへの思いに胸を打たれたという。

しかし、ふたつ目の質問に対してＹさんは、そうしたポジティブな出来事よりも、「知りたい」ということよりも、もっと根本的な感情を伝える。

「結局のところ、そういういろいろなことがあってそれで私の心が軽くなったりするようなことは、正直に言うとありませんでした。

どんなに素晴らしい言葉や助けがあっても、状況が少しも素晴らしくはないからです。かえって、こんなに皆さんに協力してもらって感謝しかないような体験を私がしている。『その原因は何なの』『誰のせいでこんなことになったと思っているの』という兄を非難するような気持ちと、もういない人に対して説教をしたいような気持ちを繰り返し感じたのを覚えています」

Ｙさん自身は、兄が命を絶ったことに混乱しなかった。だからこそ、兄が周囲に残していった迷惑の数々を冷静に見据えることができたのかもしれない。

「まずこういうケースの場合、遺族が最初に思うのは『どうして?』だと思います。しかし少なくとも私にとってはどうしてではなく、『ああ、決断しちゃったんだね』でした。そのあたりは家族間でも認識が違うかもしれませんが、あえて話し合ったりはしていないので分かりません」

Yさんの「ああ、決断しちゃったんだね」は、芥川文さんの「お父さん、良かったですね」に重なる。

**「彼自身の全ての思いが込められた大きな選択だったのです。」**

Yさんはおそらく、母よりも兄の自殺願望、あるいは希死念慮の気配を感じ取っていた。そのYさんからすれば、「魔法の笛と銀のすず」はそこまで「知りたい」対象ではなかったのではないか。回答でも、自分ではなく母のために情報を探していたと言及している。

書籍化についての是非を自身に問う件が象徴的だった。

「あのときは、生きている人の気持ちを最優先に考え、これで気が紛れたり気持ちの整理がついたりするなら、それでいいだろうと思って編集作業をしていました。

昨年（※筆者注：2022年）、私は初めて母に『本を出して良かったと思うか』と聞きました。実は私はこういうネガティブな活動を世間に積極的に発表していくことを良く思っていなかったからです。母は『良かったと思う』と言っていました」

書籍はすでに絶版となっているが、今でも本についてホームページから問い合わせがあり、手元にあるストックの一部を送ることもあるそうだ。見知らぬ相手から「ずっと探していた」「もう手に入らないと思っていた」と感謝の言葉が届く。そうして、最近になってようやく「本という形で残したことは良かったのだと思えるようになりました」という。

ただ、それも距離をおいた評価に思える。Yさん自身が書籍、あるいは元のホームページから抱いた感情ではない。後日そこを確認しようと思っていたら、メールのやりとりのなかでYさん自らがその点について言及してくれた。

「『魔法の笛と銀のすず』は私にとってはあの当時から距離感を測りかねる存在です。『しのぶ』は兄でありながら、別の感情では、大人になってから再会した幼馴染《おさななじみ》のような、自分でもよくわからない存在なのです。

その存在が今も誰かの助けになっていて、求めてくださる方がいて、今後、ネット社会のひとつのモデルケースになる可能性を秘めているとしたら、これほどひとつの命の存在が意味を持つことがあるだろうかと思います」

書籍版のあとがきはYさんの筆だ。188ページに引用した「私たち家族は～」で始まる文章の後にこう続く。

〈私にとっては心が重くなる作業でした。

かつて、兄は私に対して、限りなく孤独になると人はどういう精神状態になるか、そしてそんな時、何が自分を満たしてくれるのかを幾度となく語りました。孤独とは何かを模索していたようでした。

（略）

しのぶは毎日の日記の中で私たちにメッセージを投げかけてきます。この日記は、彼だけが感じることのできる柔らかな風は、実は私たちを常に包んでいて、世の中はコンペイトウ入りの綿菓子のような、はかなく美しいものに満ち溢れているということに気づかせてくれます〉

ホームページの管理者パスワードは、Yさんがよく知る10代の頃の兄から想起される文字列そのものだった。そうして読みこんだ日記の全文に「大人になってから再会した幼馴染のような」不思議な懐かしさを覚えた。Yさんから見て、「しのぶ」さんが残した日記は、確かに兄の息吹《いぶき》を感じるものだったのだろう。意外な内容も含まれていたのかもしれないが、少なくともたびたび描写された希死念慮に驚きはなかった。あとがきの後方にある一文が印象的だ。

〈このような結果は兄が本当に望んだものではなかったかもしれません。彼の思い描いていた美しい未来はきっとほかにあった。でも、彼自身の全ての思いが込められた大きな選択だったのです。それは認めてあげなければなりません。〉

妹としての無念が覗く。そのうえで仕方なくも受け入れるスタンスは、しのぶさんが命を絶った直後から変わらない。

とはいえ、「魔法の笛と銀のすず」の存在がYさんの心情に無影響というわけではなさそうだ。コンセプトが行き届いた抜粋や、個人名を伏せるなどの細やかな編集が施された書籍版を通読すると、Yさんにとって兄の胸の内を確かめ、理解を深める一助になっているように感じる。

これだけの年月を経てもなお「距離感を測りかねる存在」と評される以上は、全面的にポジティブな存在だとは断じられないが、前向きに受け入れられる余地はあるのだろう。少なくとも、負担だけの存在といった気配はしない。

## ファンや友人から見た「魔法の笛と銀のすず」

この距離感は、血縁から離れたファンや友人などの場合、どう変わるのだろうか。再び「魔法の笛と銀のすず」にアクセスした。それからリンク集にあるなかからまだ存在するサイトの持ち主や、ブログやSNSで同サイトに言及している人をリストアップし、取材の協力を仰いだ。すると、サイトの熱心な読者である松明《たいまつ》さんから返事がもらえた。

松明さんは受験生の頃に心の病を患い、長い闘病生活を余儀なくされた経験を持つ。失意の底にいた時期にインターネットで出会ったのが、「魔法の笛と銀のすず」だった。自らのブログ「松明ブログ」にこう記している。

〈多くは語りませんが、僕はしのぶさんの文章に魅入《みい》られました。

リビングの小さな部屋と日々更新されるしのぶさんの日記がほぼ世界のすべてという

時期が続きました。その時にしのぶさんの心の綺麗さとその儚さ、危うさに惹きつけられました。

多少回復して、出歩ける様になってからも日記を読む事は日々の楽しみでした。〉

（2019年6月23日「魔法の笛と銀のすずとしのぶさん」）

日記に共感してメールを送り、やりとりしたこともある。メールの文面でもしのぶさんの心境が偲ばれた。そして、リアルタイムで読んでいたからこそ、しのぶさんが死に近づいていく心の動きも肌で感じた。

2004年2月に更新が途絶えた後もメールを送ったが、返信はしのぶさんではなくYさんからだった。そこでしのぶさんの死を知る。その後、サイトを書籍化する際に作成された付録にも寄稿し、お墓参りもした。生前に直接言葉を交わす機会はなかったが、時間軸を越えた深い関わり合いを持っている。

松明さんは、取材した2023年時点でも年に1度のペースでサイトを訪れるという。

「気持ちが深く沈んだときにしのぶさんの言葉を思い出したり、過去の出来事とつながったときに思い出の整理と同じく『そういえばしのぶさんはこんな言葉を残していたよな』

と思いながらログを参照することがあります」

訃報に接した直後、サイトにある全ページをコピーして自分のパソコンに保存したという。だから、インターネットにあるサイトにアクセスする必要は必ずしもないが、「ネット上に存在する数多ある星の煌《きら》めき」として大切に感じている。

ただ、希死念慮に同調することはないそうだ。むしろ逆の作用があったことを、先のブログで言及している。

〈元より自殺は好まない主義だが、しのぶさんが自殺した事で、なぜだか僕の中には自殺はしないという決意が出来た。不思議な感覚ではあるが、どんなにどん底まで凹《へこ》んでも自殺はしまい、そう思い生き続けた。〉（同）

その理由は理屈ではなく、今も正確には分からないそうだ。ただ、何となく腑に落ちている部分もあるという。

「小学校高学年の頃にいじめから自殺を考えていた時期があったのですが、それは負けたようで嫌だし、死に至るまでの苦痛が嫌だ、と思っていました。その気持ちが確固たるものになったのがしのぶさんの自殺だった、というより言い表すのが難しいです」

しのぶさんの自殺が、少なくとも誘因とは逆の方向に作用していることは間違いない。

「どうあれ自殺すれば親や周りが悲しむことは分かっています。どんな状況だろうと誰であろうと、自殺を選んだ人の周りにいる人は自分を責めてしまう。しのぶさんの死でそう気づいたことも自殺したくないという気持ちを強めたと思います」

自殺を試みる人や決心した人を責める気はない。松明さんにとってしのぶさんは今でも大きな存在であり、「魔法の笛と銀のすず」は星の煌めきなのだ。


歳の離れた友人の氏ムシメさんのことを気にかけ、その死を確かめた松本肇さんも、氏ムシメさんのブログ「日本一才能のない漫画家志望（死亡）」を残しておいてほしいと話していた。

「彼のブログは墓標といいますか、お墓みたいなものだと思っています。

彼の起こしたことは過《あやま》ちであることは間違いない。過ちではあるけれど、どういうプロセスを経てそこに至ってしまったのかが克明に残っています。彼が生きてきた証であり、我々が反省する材料でもある。だから、一ファンとしていつまでも残っていてほしいと思いますね」

ただ、素直にそう思えるのは、松本さんを悪し様に触れた記述がないためだとも指摘している。氏ムシメさんはときに家族や職場の愚痴をこぼすことがあった。愚痴や陰口の対象にされたら、客観的な位置で判断するのは確かに難しい。

氏ムシメさんのブログは、最終投稿からずっと誰にも管理されていない状態で放置されており、最後の投稿には10年以上もスパムコメントが書き込まれている。おそらく家族も引き継いでおらず、誰も手出しができない状態だ。松本さんが管理を代行することは当然望めない。直接介入できない。そういう距離感だからこそ、「一ファン」として客観的に評価できる側面があるのかもしれない。

では、生前には関わりのなかった他人——それでいて新規の読者になりうる人間——は、どこまで距離を縮められるのか。

## 遠い他者から見た「魔法の笛と銀のすず」

過ぎた行為かもしれないと思いつつ、しのぶさんのお墓参りをしたいと伝えたら、Yさんは迷惑がらずに歓迎してくれた。墓地は実家近くの私設の区画にあるという。すでに土地を離れているため案内できないことを詫《わ》びつつ、丁寧にルートを書き込んだ地図をメールに添付してくれた。

2023年のゴールデンウィーク前のよく晴れた平日。幾重《いくえ》の山脈が走り、渡良瀬《わたらせ》川と桐生《きりゅう》川が縦断する自然豊かな街に電車を乗り継いで降り立った。都内は汗ばむほどの陽気だったが、緑が多いせいか若干涼しい。キオスクで缶コーヒーとライターを買って、駅を降りてすぐのレンタカーショップで小型乗用車を3時間パックで借りる。Yさんの地図通りに進むと、10分もしないくらいでしのぶさんの一族のお墓に着いた。
6、7基の墓石が並ぶ小規模な墓地で、山間《やまあい》を通る坂道の脇にある。お墓参りの季節ではないし、私以外に人の気配は当然ない。夏の気配がする陽気なのに蟬《せみ》の声はまだなく、脇の国道を通り過ぎる車もまばらで、聞こえてくるのは木の葉が風に揺れてこすれる音くらいだ。
墓石は光沢のある黒い大理石で、定期的に手入れされている様子だった。持参した線香を鞄《かばん》から3本取り出してライターで火をつける。葬儀社スタッフになった初日に「息を吹いて消してはいけない」と先輩から教えてもらった。掌《てのひら》をパタパタさせて炎を消すと、先端の赤いくすぶりから筋の通った煙が立ち上る。数十本分の灰が残る線香台にそのまま横たわらせて、墓前に手を合わせた。

こういうとき、私は何も考えないようにする癖が子供の頃からついている。依り代《しろ》を通して故人と対話できると信じきることができず、一方通行の会話に気恥ずかしさを覚えて、「振り」に徹してしまう。神社などで柏手《かしわで》を打つときも同じで、ただ日本古来の風習に抗うつもりはない意思表示だけをする人形のように振る舞ってしまう。

それでも、対話ではない思考は静かに続いていて、しのぶさんのことをずっと考えていた。しかし、思考のなかのしのぶさんは一族のお墓とどうしても結びつかず、「魔法の笛と銀のすず」を読んでいるときほどの実在性を感じることはできなかった。

姿勢を解いて目を開き、墓石の脇にある墓誌板を見ると、スペースの半分くらいが埋まっていた。平成一桁代の彫刻で止まっていて、２００４年＝平成16年に亡くなったしのぶさんの名は刻まれていない。ただ、管理者が代替わりするなどしてお墓の管理スタイルが変化するのはよくあることで、他意はないだろう。

## しのぶさんの死地の空気

お墓を後にして車に戻ると、ドリンクホルダーで生ぬるくなった缶コーヒーを開けて糖分を補給し、カーナビのルート検索に山裾《やますそ》のある地点の住所を入力する。Yさんはしのぶさんが命を絶った場所も教えてくれた。

メールにはこう書かれていた。

「ホームページのPHOTOというカテゴリー内にピンクのひもがかかっている景勝地ではない違和感のある場所の写真があります。あれが下見だったのだろうと私たちは思っています」

それだけでピンと来た。「魔法の笛と銀のすず」のPHOTOコーナーの前半には、安土城《あづちじょう》の天主閣址《てんしゅかくあと》や桶狭間《おけはざま》古戦場跡など、しのぶさんが訪れたと思われる史跡や風光明媚《ふうこうめいび》な景色の写真がアップされている。

しかし、後半は自宅で撮影したとみられるベートーベンの楽譜集を並べた写真があり、その後はまさしく「景勝地ではない違和感のある場所の写真」が数点残されている。

大規模な森林公園の入り口とみられる写真に続いて、そこから数十メートル進んで脇道を撮った写真があり、そこに蛍光色の「ピンクのひも」が結ばれた細木が大きく写っている。正確にはビニールテープで、国土地理院が国土調査の測量時に境界線をメモするために使われるものだ。写真を通して眺めたとき、妙に撮影者の思惑が感じられて確かに違和感を覚えた。

河川を越えて10分ほど走ると、なだらかに上り坂が続く景色が続いた。民家の向こうにすぐ森林が見えるような山間の風合いになり、道も次第に狭くなる。そして、PHOTOコーナーの写真通りの景色が近づいてきた。駐車場脇の柵などは新調されているものの、道路のカーブやブロック塀、目立つ樹木の並びは19年前とほとんど変わっていない。

駐車場にレンタカーを置いて公園入り口付近を探索すると、ピンクのひもの写真の場所はすぐに見つかった。ピンクのひもとそれを結んでいた細木はなくなっていたが、5メートル程度の高いブロック塀の脇を走る水が涸《か》れた人工川や、塀から奥に向かってゆったりと上っていく地形、その上に所狭しと生い茂る木々と雑草はやはり写真と同じだ。

ブロック塀の上には一軒家が建っている。物置の脇にいくつかの工具が立てかけられていて、誰かが暮らしている雰囲気があるが、訪れたときは不在のようだった。偶然にも森林公園の休園日だったため、周囲に人の気配はない。お墓で感じたあの静寂《せいじゃく》に鳥のさえずりが足されて、さらに世間から遠いところに来た感じがする。

しのぶさんはここで車を停めて、命を絶った。

Yさんによると、死亡推定時刻は2004年2月23日の深夜1時から2時という。しのぶさんが最後に見た景色は、この4月末の昼過ぎに広がる晴天とは違っていただろう。けれど、共通する部分も多分にあるはずだ。

今、しのぶさんが人生最後の場所に選んだところに立っている。ビニールテープが張られていたあたりに身を寄せて、20年前、正確には19年と2ヶ月前の空気を少しでも感じ取っておきたい。

森林公園らしい植物性の匂い。

木々のざわめきと野鳥の鳴き声。

一本道から吹いてくる生暖かい風。

人の気配が一切してこない空気。

……。

けれど私の乏しい感受性では、しのぶさんがここで亡くなったという情報を感情に置き換えることはできなかった。

しのぶさんはホームページでも、自然の景色や鳥のさえずりを美しいものとして表現していた。その美しいものに包まれて亡くなったのかもしれないし、単に近場で発見されにくい場所として選んだだけかもしれない。そこから一歩踏み込んで推測するには、私はあまりにもしのぶさんを知らなすぎる。

墓前と同じく、思考のなかのしのぶさんは、ほとんど具体性がなかった。

私がしのぶさんをしのぶさんとして感じ取れるのは、どうやら「魔法の笛と銀のすず」のなかだけのようだ。「魔法の笛と銀のすず」に残された本人の文章、ボキャブラリー、思考パターン、好き嫌い、更新頻度や曜日ごとの感情の揺れなどにだけ生身のしのぶさんを感じる。

ただし、サイトをどれだけ深く読みこんでも、触れられるのはしのぶさんの一端だけということも分かっている。Ｙさんは最初に送ってくれたＰＤＦの最後にこう添えていた。

「魔法の笛と銀のすず」で綴られた内容についての率直な感想だ。

「内容そのものについては、家族だからこそ分かる、知っている、言いたいこと、がそれはもうたくさんあって、それを説明したり、なぜそう思うのかをお話しすると超大作になってしまうし、そんな話を聴きたい人がいるとは思えないし、人には言えないことのほうが多すぎて、結局何もお話しすることが今はまだできないというのが私の本心です」

## 繰り返しからしか見えないもの

ホームページやブログ、ＳＮＳは、どれだけ虚飾を排除して発信しても、誰かに見られることを前提にしている。自分以外の誰にも読ませないことが前提の日記帳とは舞台が異なる。家族との会話、友人との会話、匿名の誰かとして匿名の誰かと交わす会話、そのどれとも異なる。自殺した人がその意志を表したサイトも、剝き出しの本心そのものだと見なすのは危険だ。必ず舞台ごとに意識した見せ方がある。距離の遠い読者は、そこから芽吹いた地表のアウトプットにしか気づけず、根の伸び方はせいぜい見えている範囲から推し量ることしかできない。

しかし、それを踏まえて考えても、本音を吐き出し続けたサイトにその人のむき身の本音が含まれていることに疑いの余地はない。読みこんだ143件のサイトには、本音が確かにあった。末木教授が言うように、自殺方法に関する直接的なやりとりは、ダイレクトメッセージやLINEなどに隠れる傾向があるが、ブログやSNSの更新期間が長くなるほど本人すら制御不能な胸の内が溢れ出てくる。

自分の誕生日が通り過ぎるたびに誕生日をもてはやす風潮を冷笑していたある人は、ある日の日記で我が子を祝福しない親への恨み事をこぼしていた。安楽死を認めない政府や自殺を悪徳とみなす世間に攻撃的な日記を何度となく綴ったある人は、その文章の節々に購入した食料品やガス電気代の金額を細かに記載しており、生活費が底をついたときに自殺予告の投稿を残して更新を止めた。

同一人物の主観が繰り返し開陳されると、心の奥にあるコンプレックスやストレス源が自然と際立ってくる。街の定点で撮影した数十年分の写真を使ったタイムラプスを思い浮かべてほしい。行き交う人波や店の看板などはノイズのように慌《あわ》ただしく形を変えるが、道や区画、老舗《しにせ》の物件などは同じ姿を長らく維持していたりする。その変わらなさが際立って映るはずだ。あの感じと似ている。

しのぶさんも日記を始めた当初から自らが抱える希死念慮をフラットにこぼしていたが、その頻度は徐々に高まっていた。背景に何があったのかを具体的に断定することはできないが、膨大なテキストから精神を圧迫する要因の一部は浮かんできてしまう。

所詮《しょせん》インターネットに残るものは、その人のごく一部でしかないのかもしれない。だが、それは程度こそ違え、対面でのコミュニケーションでも同じだろう。加えて、おそらくはインターネットだから現れるユニークさもある。インターネットで個人ホームページやブログ、SNSが流行したことで、誰に聞かれたわけでもなく自分自身について語ることを広く許容する文化が生まれた。

文豪や時代の寵児《ちょうじ》、偉大な業績を残したひとかどの人物でなくてもいい。何者でもない自分が全公開の場で自由に語れるようになった。耳を傾けてもらえるようになった。それにより、インターネット以前は一握りの人間しか発露しなかったタイプの本音が百花《ひゃっか》繚乱《りょうらん》で生産されて、枯れずにパブリックな空間に留まるようになった。披露する前提の本音を気軽に何年も発信していける。何年も繰り返し発信しているうちに、本人すら自覚していないような当人にとっての人生の優先順位が露《あら》わになったりもする。そんな装置は、有史以来存在しなかったはずだ。

そうした本音の中に「死にたい」というメッセージが混ざることもあるだろう。むしろ披露する前提の本音だからこそ、身を置く窮状に共感を求める結果として「死にたい」が混ざりやすくなっているのではないか。

距離感を自分の裁量で調整できるインターネットだからこそ投下された「死にたい」も少なくないはずだ。誰かに宛てた私信や自部屋に残した遺書ではなく、ときに誰でもない誰かとして自殺願望が投稿できる。それゆえにインターネットの「死にたい」は増加傾向にあるのではないだろうか。

パブリックとプライベート、無意識と有意識が混淆《こんこう》したなかで生まれる「死にたい」。そこにはときに他者を引きずり込む「魔力」が宿ることがあり、逆に同調を斥《しりぞ》けるような「芥川龍之介効果」が生じることもある。そういうことなのだろう。

## 類型④の特殊性

143サイトを読みこむなかで、「芥川龍之介効果」を強く感じたのはやはり、類型④「長い希死念慮が帰結したケース」だ。綴られる心情があまりに高解像で個人の色が強いから、同調するのに人を選ぶのだと思っていた。けれど、もしかしたら違うのかもしれない。長期の自問自答によって本人が自殺することに納得しきっていて、「死にたい」というより、固まりきったその人だけの「死ぬ」が置かれている。だから、同調が起きにくいのではないか。

類型②の「将来への絶望から志向したケース」は、最終更新の段階では「死ぬ」に至ったばかりであり、まだ「生きる」方向に行きそうなぬくもりを感じる。類型①の「引き金が明白なケース」は、外部にある原因が去ったら「生きる」に転じそうな予感がする。類型③の「混乱したままのケース」は、そもそも「生きたい」が消えていない。

つまり、④以外は今「生きている」読者と共通の感覚を感じさせる。それゆえに「魔力」が生じやすいのかもしれない。読みながら、自然と重なる人、重なりたい人が重なるよすがが何かしら見えてくる感じがある。

何しろ「死にたい」は願望であって、後戻りできるニュアンスがあるし、交流できる余地を感じる。一方で「死ぬ」は行為であり、決定してしまえば何の手出しもできないし、後戻りもできない。④のサイトの書き手たちは、長年の自問自答の末にその触れない領域に行ってしまった感じがあるのだ。超然としていて、本質的には没交渉《ぼっこうしょう》という印象。しのぶさんとカナヤさんはタイプがまったく異なるが、その点では共通しているように思う。

思えば、『若きウェルテルの悩み』は優れた創作物であり、読者に主人公の悩みを共感させるような仕掛けが巧みにちりばめられている。コロナ禍に命を絶った竹内結子さんは、その理由をSNSや公式の場に残していない。だが、それゆえに受け取る側が自分と重ねる自由を多分に与えてしまっている側面もあるのかもしれない。

ひょっとすると、この余地こそが公序良俗に反する土壌になるのではないか？

いや、土壌は読み手が作ることもできる。どれだけ解像度の高い表現で、他者との違いを強調しても、そこを無視して強引に自分に重ね合わせる読み方はできてしまう。どれだけ言葉を選んでも誤解を根絶することはできないし、発信する側が受け取る側の解釈を支配することはできない。

そもそも情報から何かを受け取り、部分的にでも共感すること自体がリスクを伴う行為だ。情報はファルマコン。毒にも薬にもなる。毒とされる物質でも、分量を制御して適切な状況に投じれば薬になるし、逆もしかりだ。すべてはゼロとイチで分けられるような単純なものではなく、グラデーションのなかにある。

先に触れたとおり、インターネット上で「死にたい」の声は増加の一途を辿っている。おそらく、「死にたい」が消えることはあり得ない。

ならば、公序良俗に反するからといって「死にたい」というメッセージ、あるいは自殺したという情報を消してしまうのでなく、それらと上手く付き合う方法を模索するほうが現実的だ。情報に蓋をしたりレッテルを貼って追いやったりするのは、建設的な方法ではないだろう。自殺抑止の口実として、いのちの電話の連絡先を機械的に貼り付けて済ませるような報道もしかりだ。

正しく判断するためには、正しく距離をとることが重要だと思う。正しく距離をとるなら、対象を理解する姿勢が欠かせない。「死にたい」は普通、「死にたい」だけで終わらない。「生きたい」や「伝えたい」、「認めてほしい」や「愛されたい」、「自分は間違っていない」、「何で自分ばっかり」、「放っておいてほしい」など様々な感情が混ざり込んでいる。「死ぬ」の場合も同じだ。

そこを読み取ろうとしないと、表層に浮かぶ「死にたい」や「首つりします」や「自殺しました」にメッセージ全体の評価が振り回されてしまう。しのぶさんが、ただの「自殺しました」な人ではないことは、お墓や死地、死因だけでは分からない。「魔法の笛と銀のすず」でこそ知れる。そして、「魔法の笛と銀のすず」が「芥川龍之介効果」を有すると感じ取るには、しっかり読みこまなければならない。

## 自殺予防マニュアルにある6つの俗説

レンタカーを返却して電車に乗り、車内ですぐにスマホのテザリングを有効にしてノートパソコンのブラウザーを開いた。WHOが発行した自殺予防マニュアル『Preventing suicide : A global imperative』の2014年の日本語訳版を確認するためだ。

『日本財団自殺意識調査2016』を通読する過程で目を通したこのレポートには、各章の冒頭に「自殺に関する俗説」というコラムが載っていた。「自殺について話すのはよくない」などの俗説を挙げてはバツ印で打ち消し、「包み隠さず話すことは（略）他の選択肢や、決断を考え直す時間を与え、自殺を予防する」などと論理的に否定するという体裁だ。143件のサイトを読みこみながら、自殺に関する資料のひとつとして走り読みしたのをふと思い出し、これを急いで確かめたくなった。

俗説は全部で6つあった。

〈俗説：自殺について話すのはよくない。促しているようにとられかねない。〉

この俗説にある空気感から、相手が困るのを恐れて本音を話せないという心の声には調査を通して何度も触れた。自殺願望を吐露したい。吐き出したいし、聞いてもらいたい。「自分の中で死にたい気持ちを抱え込んで生きることがすごくストレスで、死にたいと言えない社会に息苦しさも感じていました。ネットでは匿名で自分の気持ちに嘘をつかず、本音を他人に聞いてもらえることが僕にとって救いでもありました」

最も直接的だったのは、ぼっちさんからもらったこのメールかもしれない。

〈俗説：精神障害を有する人のみが自殺の危機に陥《おちい》る〉

どこまでを精神障害と規定するのかによるが、確かに類型③「混乱したままのケース」では、ｋｏｋｏｒｏ2さんのようにうつ病の治療中に亡くなったように読めるケースが散見された。しかし、類型①「引き金が明白なケース」の東京女社長さんが借金に絶望し、類型②「将来への絶望から志向したケース」の氏ムシメさんが自分の将来に絶望したように、いわゆる精神障害とは別の要因が自殺の危機を招いたと思われるケースのほうが多かった。

〈俗説：自殺の危機にある人は、いつまでも危機にあり続ける。〉

類型④「長い希死念慮が帰結したケース」は、しのぶさんやカナヤさんのようにそれぞれの背景から希死念慮を長年抱えて生きている人の事例が多かった。しかし、それ以外の類型は、「死にたい」が減衰する可能性を模索して生きていたように思える。東京女社長さんは両親から愛されなかった思いが根底にあるが、それでも借金の問題が解決すれば自殺の危機は落ち着いただろう。自殺カウントダウンしたｚａｒ２０１２さんも、その理由は明確にお金の問題だった。

〈俗説：自殺の危機にある人は死ぬ決意をしている。〉

類型③で顕著だが、ほとんどのケースで「死にたい」と「生きたい」がせめぎ合っているのが分かる。エドウィン・S・シュナイドマンの定説どおりであり、希死念慮を長年抱えていたいたしのぶさんも、「先週の予定（妄想）では俺は今日の時点では既にこの世には存在していないはずでした」と書いた日記を「もうちょっとだけ頑張って生きてみることにします」と締めていた。

〈俗説：ほとんどの自殺は予告なく突然起こる。〉

サイトに残る痕跡だけでいえば、類型外の「不明、その他」に入れた事例では確かに前触れが読めないケースもあった。ただ、大半は何かしらのシグナルを残していたことは、これまでの説明からも伝わると思う。

〈俗説：自殺を口にする人は実際には自殺するつもりはない。〉

最後の俗説も同様だ。①から④の類型すべてに本気の「死にたい」があった。冗談半分の「死にたい」もインターネットに溢れているが、氏ムシメさんが漫画家デビューを目指して夢中で頑張っている最中でも「最近毎日口癖のように『アァーもう首吊りたいよォ！』とか『硫化水素吸ってやるぅ！！』と叫んでしまう・・・」と書いていたように、本気と冗談を判別するのは本人でも難しいところがある。

つまるところ、自殺に関するすべての俗説は、インターネットに残された「死にたい」を根拠に確かに俗説だと結論づけられるのだ。

今のインターネットにはたくさんの人の「死にたい」が溢れている。未然の「死にたい」だけでなく、自殺した人がかつて残した「死にたい」も溢れている。簡単に検索できるし、コピー&ペーストもできる。たぶんそこには毒も薬もある。嘘も勘違いも本音も真実もある。玉石混淆《ぎょくせきこんこう》で、正しく判断する手段はこれから模索していく必要がある。けれど、少なくとも公序良俗に反する存在とはいわずに済むのではないだろうか。

## 承服できない「俗説」

そう安堵《あんど》したのもつかの間。後日、メディア向けのマニュアルである「WHO自殺報道ガイドライン」を確認したところ、2017年版と2023年版の日本語版でさらに2つの俗説が加えられているのを発見した。

〈俗説：自殺関連行動は簡単に説明できる。〉

追加された1つ目の俗説は、類型①の東京女社長さんやなかいきあかちゃんさんが残した文章を読めば、簡単に俗説であると理解できる。

考えたいのは2つ目だ。対になる「事実」とともに引用する。

〈俗説：自殺は、人々が用いる問題対処法の一つである。〉

〈事実：自殺を、問題対処のための建設的で適切な手段として描写すべきではない。自殺を考えた経験があり、困難な人生の状況に何とか対処した人の話は、まさに今、自殺関連行動を考えている可能性のある他の人々に、自殺とは別の選択肢を示すのに役立つ。〉

問題を解決する手段としての自殺を否定して、パパゲーノ効果を推奨する内容だ。言わんとしていることはよく分かる。自殺を解決手段として肯定的に報じれば、ウェルテル効果を高める作用をもたらす可能性がありそうだ。報道する立場としてこのスタンスをとることは避けるべきだろう。

しかし、ここでも立ち止まって考えてみたい。

「お父さん、よかったですね」

「ああ、決断しちゃったんだね」

これらの言葉が出るまでには、本人や周囲の人の身に染み込んだ苦労や思索、絶望がある。とりわけ、しのぶさんやカナヤさんをはじめとする類型④のサイトを追いかけると、その人が最終的に選んだ手段は他者が簡単に評価できるものではないと分かる。

たとえＷＨＯであっても、個々の悩みの重みを知らない外野が軽々に判断してはいけない領域ではないだろうか。こうした画一的な規範を押しつけるようなスタンスは、自殺した人のアカウントが残した投稿を悪と断じる空気を生み出す何かと通底してやいないか。公序良俗に反するから消すべきだと言われて、t××××000さんの個別の投稿を顧みる視点も持たず、「とりあえず」その通りだと考えてしまった私の意識と通底してやいないか。

同ガイドラインには「遺書の詳細を報じるべきではない」とも書かれている。確かにリスクを伴う情報だと思う。しかし、一人ひとりの考え方、一つひとつの言葉に真正面から向き合って判断する姿勢を取る余地は残しておいてほしい。膨大なニュースを扱う組織のなかでは生かすのが難しいほど小さな余地かもしれない。けれど、こうして個別に考察することもできる。その余地を否定したり無視したりはしないでほしい。

気が滅入るかもしれないし、感情移入が過ぎて不安定な精神状態を招くかもしれない。十分に検証がなされていない危険な情報源かもしれない。それでも、そこに心を突き動かすものがあり、我々の暮らしと地続きにある個々の苦しみと社会課題が存在しているなら、もっとスポットライトを当ててもいいと思う。共感するにしても、批判するにしても、面倒くさがっていたらそこに人を動かす力は生まれない。

# 第五章

# 「死にたい」との向き合い方

## ＳＮＳはいつでも消えゆく

２０２３年のゴールデンウィークが明けた頃、Ｔｗｉｔｔｅｒを眺めていると、再びイーロン・マスク氏の投稿が視界に引っかかった。

〈We're purging accounts that have had no activity at all for several years, so you will probably see follower count drop〉

（我々は数年間まったく活動がなかったアカウントを削除しているため、フォロワー数が減少する可能性がある）

半年前に彼の投稿を目にしたときは、データベースにある放置状態のＴｗｉｔｔｅｒアカウントの動静を毎朝チェックする日課を１ヶ月続けたが、変化は見られなかった。ただし、前回は「will soon start」だったが、今回の投稿は「We're purging」とある。予告ではなく、現在進行中の作業として休眠アカウントの抹消を伝えている。

そうした事情を鑑《かんが》みて、やはり半年前と同じように10数件の止まったアカウントを毎朝チェックするようになった。日本のアカウントが中心だが、米国と欧州のものもある。

ただ、今回も1ヶ月ほど経っても動きは見られなかった。観測気球を上げただけなのかもしれないし、局所的な抹消を何度も繰り返しているのかもしれない。とりあえず言えるのは、Twitterに残された故人の言葉は、トップの指示ひとつでいつでも消えゆくということだ。

そしてそれは、Facebook やYouTube、TikTok、ブログといった他のメディアでも同じことがいえる。しのぶさんの件で触れたとおり、「Yahoo!ジオシティーズ」は約400万件のサイトとともに一瞬でインターネットから姿を消した。10代や20代の名刺代わりとなっていた「前略プロフィール」も、ライブ配信文化を根付かせた「USTREAM」も今は存在しない。

民間企業が商用目的で提供しているサービスを利用して、情報発信やコミュニケーションを楽しんでいる以上、サービスの撤退や方針の変更によって場を失うのは仕方がない。どんなサービスを利用するにしろ、個人が作ったものや履歴は個人に帰属すべきというデータポータビリティの概念も欧米を中心に広がってきているが、保護の対象は場で作られたモノであって場ではない。誰でも気軽にアクセスできて、「いいね!」やコメントが付けられて、命日などの記念日にふらっと立ち寄って生前の言葉に接する。しかも無料で。そういう場はとにかく儚い。

2023年7月2日にTwitterが一時的に閲覧できない状況になり、後になって一日の閲覧投稿数に一旦制限がかかるようになったとイーロン・マスク氏からアナウンスされた。そのときはこんな文章も投下していた。

〈The reason I set a "View Limit" is because we are all Twitter addicts and need to go outside.

I'm doing a good deed for the world here.〉

(私が「閲覧制限」を設定した理由は、私たちは皆Twitter中毒者なので、外に出る必要があるからです。

私はここで世界のために善行を行っています。)

憎まれ口なのだろう。ただもう、2022年の暮れに覚えたような憤慨は湧いてこなかった。

2023年7月から翌8月にかけて、Twitterのアプリやブラウザーの画面からお馴染みの青い鳥のアイコンが姿を消していき、アイコンが黒くなって名称もXに変わった。世界中で戸惑いや憤りの声が上がったが、マスク氏はどこ吹く風だ。2024年5月には全てのURLが「twitter.com」から「x.com」に変わり、元のURLを打ち込むと新URLにリダイレクトされるようにもなった。

故人が残したものまで土台ごと変えられていく。今後の仕様変更によって、静止したアカウントはある日突然二度と見られなくなる状態になるかもしれない。きっと、他のSNSやブログも根底にある事情は同じだ。どうしようもなく儚い。

## ぼっちさんのその後

自殺願望を表に出すYouTuberのぼっちさんとのやりとりは、2023年2月に送ったメール以来途絶えたままだった。

その後も彼の動向はYouTubeと再取得したTwitterアカウントで追いかけたが、動きは少なかった。それでも完全に静止したわけではなく、月に1、2回は動画がアップされていたので、生きていることは分かっていた。

退院後に初めて動画をアップしたのは、２０２３年３月11日。いつものＢＧＭをバックに自宅の台所でパスタを調理するいつものスタイル。タイトルには「【余命宣告】死にます、さよなら。」とある。

〈自分のことが嫌いで
こ〇してやりたいです
こんな最低な人間死んだ方がいいです
僕は生きているだけで迷惑をかける
害虫以下の人間なんです
こんな人間に生きてる価値なんてないんです
（略）
だから僕は死にます
どうせ誰も止められません
さよなら〉

ぼっちさんは「死にたくないから」「死にたいと叫ぶ」と自ら書いていた。WHOが「自殺を口にする人は実際には自殺するつもりはない」という俗説に注意を促しているように安心していい状況ではない。ぼっちさんの叫びは紛れもなく本音だと思う。自殺リスクが高まっていることも確かだと思えた。

いてもたってもいられずメールを送った。

「もしよかったら、直接会ってインタビューさせてもらえないでしょうか？

ぼっちさんについてもっと知りたいということもありますが、自殺意志を示した他のブログやSNSの感想もぼっちさんに聞いてみたいと思っていまして。もっと温めたうえで相談したいと思っていましたが、本日の『さよなら』動画を見て、今出さないと間に合わないかもしれないと思い、急いでメールを書いています」

ぼっちさんを救いたいという思いでの行動ではなかった。メールに書いた通りに、自分が後悔をしないために何ができるかということだけを考えて動いた。言ってしまえば、自殺してしまう前にその人の視点を生で知りたいと思ったのだ。

このときは143件のサイトの読みこみを終える直前であり、正直に告白すると、命を救うことが必ずしもその人を助けることになるとは思えなくなっていた。

のっぴきならない個別の事情を抱えて悩みぬいた人が決断した個人的な行為に、社会一般の倫理で介入するのは、果たして良いことなのか。社会の問題は、公共の秩序や良識ある風俗を守るために社会的な倫理観をもって食い止めるべきだろう。けれど、個人の問題と社会の問題が二律背反《にりつはいはん》するとき、個人の問題を押しのけてまで社会の側から介入するのは、差し出がましく思えてしまう。自殺した人やそれを試みた人が残したサイトには、個人の問題が深く刻まれている。他人が押しのけるには、あまりに根が深い。ぼっちさんの動画もしかりだ。

とはいっても、目の前で飛び降り自殺をしそうな人がいたら、全力で止める。その人を救うためというより、自分が後悔しないためだ。結果として相手の心が落ち着けばいいし、決死のタイミングを外されたことを恨まれても構わない。さらに今回のメールは、取材という打算が原動力になっている。自己都合のお願いを投げかけた結果、ぼっちさんが生きる道を選んだとしてもいいし、無視してもらっても構わないと思った。そして、ぼっちさんは後者を選んだ。

その後、再び救急車のお世話になったようだ。2023年4月16日にアップされた動画では、手首に注射針を固定した右手を撮った写真を背景に、自殺未遂して病院に運ばれたことを伝える字幕を淡々と上げている。

〈今は過去の自分の行動に対し
後悔しまくっています
これからは
ちゃんと治療に向き合って
最後の瞬間まで
頑張ろうと思います〉

病院では多くの人と接するし、直前の行動の揺り戻しが来るところもあるのかもしれない。過去の動画でも入院中は前向きな発言が多く見られるが、退院後に日常に戻ると再び沈む。類型③の「混乱したままのケース」で採り上げたｋｏｋｏｒｏ2さんは夜が来るたびに深く沈んだ。周期こそ違え、共通するところがあるのかもしれない。

退院した5月には「【死にたい】楽な自殺方法、楽な死に方について」という料理動画に戻った。このときもメールを送ったが、やはり返事はなかった。

6月に入ると心はより深く沈み、「【死にたい】今月中に死のうと思います」という動画をアップするに至る。しかし、6月19日にアップした動画は、少し上向いているように見えた。タイトルは「【死にたい】今月中に死のうと思っていますが…」。

〈僕の自〇についてお話しします

今月中に僕は死のうと思っています

が

僕の決心が揺らいでいます

それはなんでかというと…

僕のことが好きで…

このチャンネルをこれからも見たいと

そう言ってくれる人がたくさんいるからです〉

動画についた共感のコメントから気持ちが上向きになったと、視聴する人たちに感謝を伝え、ポジティブな雰囲気で動画を締めくくっている。

このタイミングなら向き合ってもらえるかもしれない。面《つら》の皮を厚くして、もう一度メールを送ってみた。努めてフランクに。

「動画見ました。ぼっちさんは『死にたくないから〜死にたいと叫ぶ』と話していましたし、今回の動画も許されないなんてことは気にしなくていいと思いましたよ。

最近は一方通行になってしまっていますが、メールを受け取ってもらえたらそれだけで嬉しいです」

すると数時間後、4ヶ月ぶりの返信が届いた。

## 「死にたい」人が他者の「死にたい」に抱くもの

「わざわざメールしてくださってありがとうございます。

気にしないで大丈夫と言っていただき、心が軽くなりました。

気持ちが不安定でずっと返せなかった質問にも遅れましたが答えさせていただきました。

とはいっても、参考にあまりならないと思いますが読んでいただけたら嬉しいです」

関係が切れていなかったことに安堵する。そして案の定、私のメールが負担になっていたことを申し訳なく思った。

「ずっと返せなかった質問」とは、5月に送ったものだ。インターネットで知り合った人が自殺したり、自殺願望を吐露したりした際に、「死にたい」思いが強まったことがあるかを尋ねた。しのぶさんのお墓と死地を訪ねた直後で、「死にたい」という言葉の影響力を確かめたい思いが強まっていた時期だ。

ぼっちさんはこう語る。

「私も死にますとコメントをいただくことはありますが、僕の場合は自殺願望の吐露に影響を受けることはないです。

ずっと自分でも死にたいと思っているので、おんなじ人がいるんだなぁ……ぐらいの印象を持つことはあります。でも人に影響を受けて死にたくなったことはあまりないかもしれないです。悲しいというよりかは寂しい感じがしますね」

へぇ、そう考えるのか、と思った。「やっぱり死にたくなりますよね」みたいな答えを期待していたわけではない。そうではなくて、そもそも他者の「死にたい」をさほど気にしない様子なのが少し意外だったのだ。

というのも、かつて自殺願望を抱いていた別の男性に同じ質問をしたところ、違う視点の回答が返ってきたからだ。

ハンドルネームはトミーさん。長年服用していた抗不安薬の影響などから化学物質過敏症を患い、抜け出せない苦しさからブログやＴｗｉｔｔｅｒで希死念慮をこぼしていた時期がある。長期の断薬が奏功《そうこう》して最近は心身の状態が良くなっているが、最も苦しい時期は他者の「死にたい」が救いになっていたという。トミーさんはこう答えてくれた。

「ネットで知り合った方の自殺願望については、正直、自分だけではないという安心を感じていました。

相手にもよりますが、その相手が心配で、『死んでほしくない』という気持ちになると同時に、『死にたいのは自分だけではないんだ』という安心感と、『その気持ちを持ったまま生きていて良いんだ』という、ある種の解放感がありました」

当然のことかもしれないが、やはり「死にたい」という言葉の受け止め方は人それぞれだ。「死にたい」という言葉は、ある人にとっては自殺を誘発する囁《ささや》きになり、またある人にとっては共感や安心を与えてくれる誰かの本音になる。さほどは意識されない程度の声になることもあるだろう。個々の判断で受け止めて解釈するから、いろいろな受け取り方が生じる。害をなすメッセージだからと前段階で堰《せ》き止めてしまうと、この「いろいろ」も生まれない。

## 「嘘をつきました」

公序良俗に反する——この言葉を当初、真正面から否定したい自分がいた。けれど、143件のサイトを追いかけているうちに、彼我の差を感じながらもこれまでに経験がないほど気持ちが滅入ったのは確かだし、「死にたい」の声の内に独りよがりや偏見、他害的なものを感じたことがしばしばあったのも事実だ。

すべてを手放しで肯定なんてできない。けれど、全否定もできない。「死にたい」は堰き止められない。だから、警戒はする。警戒したうえで受け止めたときに個々で判断する術が広がればいい。そんな世の中で自分は暮らしたい。

「死にたい」の魔力やプラスの作用を真に知ろうとするなら、末木教授が慎重に何度も実施したようなマクロな視点からの大規模な調査が必要になるだろう。そのうえで様々な角度から個別の発言や中長期の感情の波を摑んで分析しないと、確かなことは言えそうにない。現状でははるか上空から森を鳥瞰《ちょうかん》できるドローンのような道具がなく、地面から見える木々の様子から推し量るしかない。だから、所詮は暫定的な方向性でしかないだろう。けれど、今回143人の「死にたい」を分析したうえで辿り着いた結論だ。

今回の調査で私が目の当たりにしたのは、143の事例でしかない。最も古い1998年のサイトから2023年のサイトまで。奇しくも日本の自殺者が急増して年間3万人を突破した年から四半世紀をカバーしている。けれど、この間に自殺で人生を終えた人は80万人を超える。

また、自殺未遂を経験した人はその20倍近くになるという資料もある。単純計算で掛け合わせると、合計1600万人。そのうちの143人ということは、100万人中9人ほどの事例でしかない。100万本の樹木がある森を語るのに、9本の木々の観察記録ではまったく足りない。けれど、4つの類型に気づくことはできた。類型を通して、個々の事例と向き合うことも多少なりともできたと思う。

この森の観察は骨が折れる。地盤は脆《もろ》いし、未解明な部分が多い。そして、虚実が入り交じりもする。

2023年の猛暑が終わりを告げた10月下旬、ぼっちさんがアップした動画のタイトルは「【余命宣告】僕は病気について嘘をつきました」だった。

2023年1月に告知された本当の病気は、ステージⅣのがんではなく、胃腸炎だったと告白している。

いつもの字幕を使って2023年末に病院に運ばれた後、心配されたい、アクセス数を伸ばしたいといった感情から一線を越えてしまったと懺悔《ざんげ》していた。メールを送るとすぐに返信が来た。

「嘘をついて申し訳ありませんでした…いけないことだとはわかっていましたが、自分の気持ちを抑えることができませんでした」

ぼっちさんが2023年にアップした動画にはすべて目を通しており、これまでも抗がん剤治療や放射線治療、あるいは代替医療などへの言及が一切なかったことを知っている。

だから、なかば察していた。それでも、関係が壊れるのを恐れてずっと指摘できずにいた。それは私の取材者としての弱さであり、逃げだった。自分で森に余計な霞《かすみ》をかけてしまっていた。

その後、ぼっちさんは2023年末に自殺すると宣言し、年明け1月2日にストロング系缶チューハイを開けて生存報告動画をアップするなど、半ばヤケ気味な姿勢をみせた。その2週間後に「100日後に消えます」とカウントダウン動画を公開し、毎日更新を続ける途中で数字を大幅にスキップして2024年1月31日に「Last Day」という最終カウント動画を公開。その後3ヶ月間動きがなかったが、4月末に活動を再開している。しばらくすると、「Last Day」を含むかつての動画の多くは非公開、もしくはメンバー限定公開となった。

狂言と自棄と悲鳴。それぞれがどの具合で混ざり合っているのかは分からない。

木々の本当の声を聞き分けるのは、手間も覚悟も勇気もいる。しかもこの森は踏み入る人間の目が濁《にご》っていたり、深く踏み入れる覚悟がなかったりすると、輪をかけて難解になってどんどんぼやけていく。無謬《むびゅう》の観測者になれない私はつくづくそう思う。けれど、そうであっても、この森は向き合う価値があると言いたい。

## 理想の返信

今の自分ならT・Kさんにどんな返信ができるだろうか？

あのときは、t××××000さんがTwitterに残した言葉に対して、固有の価値が想像できていなかった。よく分かっていないくせに俯瞰で森を眺めたつもりになって、何となく正解の匂いがする「公序良俗に反する」という主張に首肯《しゅこう》してしまった。

おそらく、イーロン・マスク氏も個々の投稿を森の構成要素としてしか見ていないのだろう。デジタル空間に残るアクションは数字に置き換えやすく、個々のエピソードを捨象して統計に溶け込ますことが楽にできる。捨象してしまったら、サイトが存続していようが、個々のエピソードを振り返る発想はもう浮かばない。

数十分ほど考えた末に、次のような文面が頭の中で固まった。

「パスワードが分からない場合、ユーザー側でアカウントを抹消する方法はありません。削除するなら、手間はかかりますが、個別に消していくのが確実です。

ただ、自殺した人の投稿を宝物にしている方がいる可能性もあるので、まずはご遺族として削除の意向を投稿し、フォロワーの人たちの反応を待ったほうがよいかもしれません。そのうえで、X社（旧Twitter社）の正式な審査が通るのを引き続き待ちつつ、気になる投稿を個別に消していくのはいかがでしょうか」

他の人の意見を受け取る提案を加えただけだが、これで少なくともT・Kさんの脳内にフォロワーの存在が浮かぶはずだ。

それだけでいい。それ以上のことをしては駄目だ。

求められた知見は、はぐらかさずに明示し、判断に必要と思える情報を添える。そこまでが自分に許された干渉の限界であり、日頃の勉強を怠《おこた》らずに知見を高めて、その限界のところまでは干渉する。それが正しい責任の位置ではないかと思う。

本人や家族、友人、フォロワーに読者。不可逆的な行為を考えている人がいるなら、まずは関わる人の顔を思い浮かべて、そのつながりをできるかぎり共有したい。そうすることで、「死にたい」という言葉が放つ警告色が多少なりとも透けていくだろう。

透けた先には、故人が残した替えが利かない声が残されているかもしれない。

# おわりに

本編の主要な調査が終わりにさしかかっていた2023年4月、制服を着た女性二人が連れだって飛び降り自殺する動画が拡散した。二人はビルの屋上とみられる縁《ふち》に裸足で立って腕を組みあっており、カメラ側に身体を向けている。「怖い、怖いよ」と躊躇《ためら》う一人に、腕を組んだもう一人が「大丈夫、いこう」と声をかけ、後ろに倒れるような姿勢でもろとも画面から姿を消した。数秒後、ドンッという重い音が一度だけ響いて動画は終わる。

二人は、新潟県の高校生Cさんと千葉県で暮らす同じく高校生のDさん。ともに自殺願望があり、それが縁となってTwitterでつながっていた。自殺配信は、ゲーム配信系の有名YouTuberに弄ばれたCさんがDさんに相談したことが発端となったようだ。結果的に二人は一緒に死ぬ道を選ぶことになり、Dさんが暮らすマンションの屋上で最後の配信を行うことを決めた。CさんのTwitterを辿ると、死の前日に上京して千葉に向かったことが知れる。

〈死ぬために東京きたんだ〉

〈忘れちゃだめだ死ぬために来たってこと〉

〈ばいばいだ〉

Dさんも決行の直前に最後の投稿を残している。

〈ごめんなさい本当に〉

この事件は、インターネットの「魔力」の強さを悲しいほど示している。「死にたい」思いが可視化されたことで離れて暮らす二人がつながり、一人の身に起きたトラブルを引き金として集団自殺の企図が生まれた。その計画をTwitterで示唆することで自らを縛り、動画配信によってさらに強固な拘束下に自分たちの身を置く。つながる「魔力」と縛る「魔力」が相乗しあって、「怖い、怖いよ」と踏み留まる自らの意志すら押し切る力を得てしまったように映る。

SNSがなければ起きなかった悲劇といえば、そうだと思う。「だからSNSは危険だ」「やはり自殺願望の痕《あと》は公序良俗に反する」という論調が支持を得ても仕方がないのかもしれない。けれど、それは少々飛躍《ひやく》がすぎる。個々の悩みに向き合わないまま、世の中全体の問題に切り替えるような乱暴な印象を受ける。「女子高生」「病みアカウント」「集団自殺」「自殺中継」といったパワーワードに引っ張られて、物事を判断してしまってはいないか。CさんとDさんの固有の考え方や抱えている問題を紐解くプロセスをなおざりにしてはいないか。

個々の事情を切り捨てることに無感覚になるのは、それこそ公序良俗を向上させるのに背《そむ》く行為ではないだろうか。

ニュースバリュー（あるいはゴシップバリュー）と当事者の心の動きを知る行為は、必ずしも一致しない。報道は、世の中の関心が強い部分を選び抜いてまとめる宿命にあるため、直接関わりのない情報はどうしても後ろに回してしまうところがある。本書についても同様だ。

しかし、何年も更新しているSNSやブログがあれば、当事者の平時の様子や考え方などが誰もコントロールしていないレベルで見えてくることがある。数回の更新しか残されていなくても、その人のことを知るかけがえのない一次情報になる。

インターネットは、そうやって個を理解するのに役立つ非常に強力な道具だと思う。それゆえに、近づきすぎると「魔力」に引きずり込まれる危険もある。だから適切な距離をとって利用することが不可欠だ。その塩梅《あんばい》を知るには、属性で判断するのではなくて、やはり個と向き合うしかないと思う。と、やはり本編と同じ結論に辿り着いてしまう。

＊

本書は個人的な後悔が発端で書き始めました。その後悔が「死にたい」人のサイトを深掘りするという、これまでの自分があえて深追いしないようにしていた部分に足を踏み入れる原動力になりました。その過程で得られた知見を時系列で追体験してもらうことを狙って構成しています。

本書で取り上げたサイトの多くは書き手の方がすでに亡くなっていたり、連絡がとれなくなったりしています。「魔法の笛と銀のすず」のように遺族が管理している例はまれで、ほとんどは管理者不在のまま放置されている状態です。だからいつまで存続しているか分かりません。ＳＮＳやブログサービスの方針転換、あるいは世間の倫理観の変化でふっと姿を消すかもしれません。

しかし、存在していたことは確かです。そのお陰で私は多くを知ることができました。コンテンツを全公開の状態で残してくれたすべての方、場を構築してくれたすべての企業に感謝します。

取材を通してもたくさんの方に多大なお力添えをいただきました。本編に登場したコンテンツ制作のご本人や家族、関係者の方々には、細部にわたってサポートしていただいています。改めてお礼を言わせてください。

また、書籍として世に出す機会を与えてくださった小学館の編集の方々、本書にかける思いを深く理解して公私にわたって助けてくれた妻で同業の旦木瑞穂、同じく応援してくれた娘にも感謝します。

そして最後に。改めまして、この本を手に取っていただいてありがとうございます。いろいろな意見があると思います。私の考えが正当というつもりはありません。ぜひ忌憚のないご意見をお聞かせください。ＳＮＳ等で触れてもらえたらいつかきっと読みにいき、考えます。

本書やインターネットの「死にたい」の声に触れたことで近い気持ちになったときは、

そのままブラウザーに「死にたい」と打って検索してみてください。検索上位に主要な相談窓口がいくつか並ぶはずです。本書のなかでも紹介した、インターネットを通じて悩みを受け止める仕組みです。「死にたい」と打ち込むことで、場合によっては行動の選択肢が増えるかもしれません。左に例示したように相談先にも様々なタイプがあるので、検索時はサイト概要を読んでみてください。

・いのちの電話（一般社団法人 日本いのちの電話連盟）——電話とインターネットでの相談に応じています。https://www.inochinodenwa.org/
・生きづらびっと（NPO法人 自殺対策支援センターライフリンク）——ＬＩＮＥやウエブ、Ｆａｃｅｂｏｏｋなどから相談できます。https://yorisoi-chat.jp/
・いのち支える相談窓口（全国の自治体や厚生労働省）——都道府県や政令指定都市の公的な相談窓口。一般社団法人 いのち支える自殺対策推進センターの検索ページが便利です。https://jscp.or.jp/soudan/

とにもかくにも、インターネットには「死にたい」に対するいろいろな選択肢が育っています。そのことを自由に確かめられて、触れられることは、決して悪くないように思うのです。

古田雄介

# 参考文献

※２０２４年７月時点でオリジナルのコンテンツが閲覧可能なものを中心に記載します。


●第一章

Elon Musk@elonmusk/X　https://x.com/elonmusk
水玉の遺書　http://lastwaterdrop.jugem.jp
５１５０のブログ　https://ameblo.jp/puranntot/
りーね@JUUTILAINEN0221/X　https://x.com/juutilainen0221
浅山トルコじゃないT@asayamaT/X　https://x.com/asayamaT
ろろちゃん@jc3 @rorochan_1999/X　https://x.com/rorochan_1999
救世主ぼっち伝説（旧・〇〇日後に死ぬニート）@bocchi2525/　https://www.youtube.com/@bocchi2525
『通信利用動向調査』／総務省、２０００～２０２３年
『令和５年版自殺対策白書』／厚生労働省、２０２３年

●第二章

日本一才能のない漫画家志望（死亡）　http://neversaypoor.seesaa.net/
松本俊彦編『「死にたい」に現場で向き合う　自殺予防の最前線』／日本評論社、２０２１年

Kessler,R.C.,Borges,G.,Walters,E.E.（1999）. Prevalence of and risk factors for lifetime suicide attempts in the National Comorbidity Survey. *Arch Gen Psychiatry*,56,617-626.

Sueki,H.（2015）. The association of suicide-related Twitter use with suicidal behaviour: A cross-sectional study of young internet users in Japan.*Journal of Affective Disorders*,170,155-160.

末木新『自殺対策の新しい形　インターネット、ゲートキーパー、自殺予防への態度』／ナカニシヤ出版、２０１９年

病みと心　http://kokoro222.jugem.jp/

魔法の笛と銀のすず　http://sinobu71yukio.at-ninja.jp/　※ミラーサイト

愚痴　愚痴　愚痴　http://guchiguchiguc.jugem.jp/

Joiner,T.（2005）.Why people die by suicide.Cambridge,MA:Harvard University Press.

**●第三章**

『令和4年中における自殺の状況』／厚生労働省、２０２３年

「自殺に関する報道にあたってのお願い」／厚生労働省

睡眠羊@withoutpain44/X　https://x.com/withoutpain44

誰がために僕は眠る　http://tagatamen.blog.fc2.com/

稲見昌彦ら『自在化身体論　超感覚・超身体・変身・分身・合体が織りなす人類の未来』／ＮＴＳ、２０２１年

ゲーテ『若きヴェルテルの悩み』／ちくま文庫、柴田翔訳、２００２年

終わる世界　自殺日記　https://nobiinu.tripod.com/owaru/　※ミラーサイト

無への道程　http://blog.livedoor.jp/zar2012/
日本財団いのち支える自殺対策プロジェクト『日本財団自殺意識調査２０１６』／日本財団、２０１７年
ＷＨＯ『Preventing suicide: A global imperative（自殺を予防する：世界の優先課題）』／ＷＨＯ、翻訳：独立行政法人国立精神・神経医療研究センター精神保健研究所　自殺予防総合対策センター、２０１４年
『死生学・応用倫理研究　第24号』／東京大学大学院人文社会系研究科、２０１９年
Kim,Young Bum;Park,Joon-Shik.（2017）.The Relationship between Poverty and Suicidality in Korean Elderly-Focusing on the Interaction Effect between Social Relationship and Poverty.*Korean Regional Sociology*,vol.18,no.1,199-221.
日経新聞『孤独感「ある」40％に増加　政府、昨年実態調査』／２０２３年4月1日朝刊
末木新『インターネットは自殺を防げるか　ウェブコミュニティの臨床心理学とその実践』／東京大学出版会、２０１３年
末木新『自殺学入門』／金剛出版、２０２０年
末木新『「死にたい」と言われたら』／ちくまプリマー新書、２０２３年
tangoleo@tangoleo2018/X　https://x.com/tangoleo2018/with_replies
羆@mhlworz/X　https://x.com/mhlworz
McCarthy,M.J.（2010）. Internet monitoring of suicide risk in the population. *Journal of Affective Disorders*, 122, 277–279.
Eysenbach,G.（2009）. Infodemiology and infoveillance: Framework for an emerging set of public health informatics methods to analyze search, communication and publication behavior on the Internet. *Journal of Medical Internet Research*, 11(1), e11.
末木新『ネットが拓く新たな自殺対策――ＳＮＳに溢れる「死にたい」の行き場』／中央公論.jp、

２０２３年　https://chuokoron.jp/society/122870.html

●第四章

Niederkrotenthaler,Thomas;Voracek,Martin;Herberth,Arno;Till,Benedikt;Strauss,Markus; Etzersdorfer,Elmar;Eisenwort,Brigitte;Sonneck,Gernot (2010-09).Role of media reports in completed and prevented suicide: Werther v. Papageno effects.The British Journal of Psychiatry: *The Journal of Mental Science* 197 (3): 234-243.

芥川文『追想　芥川龍之介』／中公文庫、中野妙子記、１９８１年

植田康夫『自殺作家文壇史』／北辰堂出版、２００８年

ジェニファー・マイケル・ヘクト『自殺の思想史　抗って生きるために』／みすず書房、月沢李歌子訳、２０２２年

しのぶ『魔法の笛と銀のすず』／文芸社、２００５年

松明ブログ　http://taimatsuaki.blog87.fc2.com/

いのち支える自殺対策推進センター『自殺予防を推進するためにメディア関係者に知ってもらいたい基礎知識２０２３年版』／いのち支える自殺対策推進センター、２０２４年

●第五章〜おわりに

ベンゾジアゼピン断薬記録　http://ameblo.jp/yt0015

無能@iiyo_00　https://x.com/iiyo_00

さんかれあ@R_di4_　https://x.com/R_di4_

## 古田雄介［ふるた・ゆうすけ］

1977年、愛知県生まれ。名古屋工業大学工学部社会開発工学科卒業後、ゼネコンと葬儀社を経て雑誌記者に転職。2007年にフリーランスとなり、2010年から亡くなった人のサイトやデジタル遺品についての調査を始める。主な著書に『ネットで故人の声を聴け』（光文社新書）、『故人サイト』（社会評論社、文庫版は鉄人社）、『デジタル遺品の探しかた・しまいかた、残しかた＋隠しかた』シリーズ（伊勢田篤史氏との共著／日本加除出版）、『スマホの中身も「遺品」です』（中公新書ラクレ）など。

編集：瀧口優貴


# バズる「死にたい」
## ネットに溢れる自殺願望の考察

二〇二四年　八月六日　初版第一刷発行

著者　古田雄介
発行人　三井直也
発行所　株式会社小学館
〒一〇一－八〇〇一　東京都千代田区一ツ橋二ノ三ノ一
電話　編集：〇三－三二三〇－五九六一
販売：〇三－五二八一－三五五五

印刷・製本　中央精版印刷株式会社
本文DTP　ためのり企画




Printed in Japan ISBN978-4-09-825420-0